越寫越強！

高效知識
筆記鍊金術

從學習、工作到人生規劃
都適用的康乃爾筆記法

柳柳

——

著

高寶書版集團

致謝

感謝鄭磊老師，一直在鼓勵我，傾聽我的想法。

感謝劉竹，在寫作前期給了我許多建設性意見。

感謝李佳原，總與我分享科學、先進的工作方法。

感謝我的編輯賈淑豔，為我的寫作提供了許多指導和靈感。

感謝我的媽媽，她一直保留著我 10 歲時寫的故事集，

讓我重拾寫作的快樂。

前言
為什麼你需要這本書

　　很榮幸能與你在書中相遇。我不知道你翻開本書的目的是什麼，也許你想尋求一種高效的學習方法，也許你想改變現狀，或者你是帶著試試看的心態翻開了這本書。

　　無論如何，請記住你現在的樣子，因為你將從此發生改變，人生將從此不同，你只需要張開雙臂，用心迎接它的到來！

　　我們發現許多成功的學者、運動員和科學家甚至富翁都有一個共同的習慣——做筆記。筆記中，似乎蘊藏著改變人生的力量。

　　有人透過做筆記從學渣逆襲成學霸，有人透過做筆記打造了價值上億的商業帝國，有人透過做筆記從普通職員成長為專

業領域的大師。我自己也是做筆記的受益者，成績從不及格一躍提升到滿分。我堅信，掌握了科學、高效的筆記技巧，對個人在學業和事業上的成功至關重要。

人人都在做筆記，人人都需要做筆記。做筆記這件事貫穿我們的一生，學生寫下課堂筆記，上班族記錄工作會議筆記，醫生做病人的情況登記……但並不是人人都會做筆記，甚至很多人都在用低效的方法做筆記！

▌ 做筆記就是簡單地將所聽所見寫下來嗎？

並不是。不少人認為，做筆記就是把聽到、看到的內容記下來。甚至有人認為做筆記無關緊要，純屬浪費時間。這些想法都大錯特錯。**做筆記是思考的過程，不是簡單的複製。**

▌ 做了筆記，就可以取得成功嗎？

是，也不完全是。如果你追求的是「1 分鐘學會的高效筆記術」或者「3 個讓成績飆升的技巧」這類的內容，那本書並不會涉及。**真正能改變你的，是透過做筆記帶來的思維方式和認知方法的轉變。**

在接下來的內容中，你可以和我一起探索，如何透過簡單

有效的筆記方法，循序漸進地改變我們大腦原有的運作方式。

　　改變做筆記的方式，將改變思維方式，隨之而來的是行為的改變。行為改變了，結果自然就改變了。因此，我們可以透過做筆記改變思維，進而改變人生。當然，只有理解了筆記方法背後的運作方式和原理，並將其付諸實踐，才能讓你走向前所未有的成功。

　　我研究並在自媒體上分享了許多筆記方法，涵蓋了從熱門到小眾的各類技巧，以及各大知名企業、世界著名學府都在運用的筆記方法。

　　隨著我在網路上分享的筆記技巧廣泛傳播，有些人留言說，自從開始做筆記後，他們的學習成績有了很大提升，有人說自己終於國考上榜了，有人說透過改變做筆記的方式「扭轉」了他們的生活。在日常學習和個人成長中，總有一些基礎的技巧和方法，能讓我們取得質的飛躍。

　　我時刻在思考，有沒有一種筆記方法，被公認為科學有效、適用於各個領域，且符合大多數人的習慣，並操作簡單？

　　答案是有的，那就是康乃爾筆記法。這是一種被世界公認為科學、高效的筆記方法。無論世界名校的學生，還是國際知名企業的員工，很多人在使用這種筆記方法，它已風靡了 50 多年。康乃爾筆記法透過一種十分簡單的格式，改變人的思維模式，徹底顛覆了很多人的學習和工作方法。

　　正在閱讀本書的你，也許對自己的現狀不滿，也許正朝著

自己的目標奮力前行。你應該知道，你可以借助一些方法和工具，重塑自己的思維模式，改變行為方式，從而實現個人突破和成長，達成理想的目標。當然，改變從來都不是輕而易舉的，需要你下定決心，並勇於迎接挑戰。

也許，你和成功人士、學霸之間只差一種筆記方法。這種方法一直都在，你現在就可以開始學習它。

無論你是第一次聽說康乃爾筆記法，還是已經嘗試過這種筆記方法，無論你是筆記方法的初學者，還是經常做筆記的「老手」，本書都將為你提供一套得心應手的行動方案，從零開始，循序漸進地教你一步步做出高效筆記。有了它，你將告別焦頭爛額、手足無措的生活，你將掌控自己的生活，讓一切變得遊刃有餘！

在本書中，你將學到以下內容：

- 高效筆記的底層邏輯，如何避免低效做筆記，並且做出有效筆記；
- 什麼是康乃爾筆記法，以及它的使用方法；
- 如何提升專注力，不再分心和恍神；
- 使用康乃爾筆記法高效聽講和做筆記；
- 如何提升記憶力；
- 利用康乃爾筆記法複習、備考和應對考試；

- 如何提高效率，有效管理時間；
- 克服拖延症，培養自律的習慣；
- 使用康乃爾筆記法做日程規劃和任務管理；
- 如何找到自信和動力；
- 透過康乃爾筆記法，重塑閱讀和寫作方式；
- 高效做筆記的實用方法和技巧。

　　本書將透過大量具體的筆記案例、插圖，手把手教你學會做筆記。我相信本書能對你的學習和生活產生巨大的影響。在這個過程中，請你將本書中的技巧，與你現在做筆記的習慣進行對比，並按照本書的指導，一步步將這些方法運用到你的學習、工作和生活中。

　　目標並非遙不可及，成功也並非天方夜譚，透過科學有效的方法，並且加以實施，我們都可以實現心中的理想。

　　改變是一個細水長流的過程，透過日積月累，當有一天驀然回首時，你會發現輕舟已過萬重山，你的人生已然發生了巨大的改變。

　　讓我們一同踏上改變人生的筆記之旅吧！

目錄
CONTENTS

目錄
CONTENTS

第 1 章

做筆記如何改變人生

奧運選手、億萬富翁、著名畫家與發明大王的秘訣

✎ 奧運選手的秘密

那是 2012 年的夏天，倫敦奧運會正如火如荼地進行。

美國女子賽艇運動員薩拉・亨德肖特（Sara Hendershot）正在全力備戰，你能猜到她的秘訣是什麼嗎？

答案是薩拉會隨身攜帶筆記本，記錄每次訓練和比賽的情況。透過這些筆記，她能回顧之前的結果，對比每次比賽的表現，反省需要提高和改進的地方，從而在下一次比賽時提高自己的成績。

薩拉還用筆記本做時間管理。她每天都會提前規劃第二天的事項，甚至會制定出這個月的行程安排，並為每項任務分配需要完成的時間。這樣有助於她合理安排密集的訓練和生活事務，避免當天在做決定上消耗時間。

只是簡單做筆記，卻幫助她提升了訓練成績，並把時間利用到極致。

✎ 億萬富翁最重要的東西

作為全球最富有的人之一，理查・布蘭森（Richard Branson）成為億萬富翁的經歷頗具傳奇色彩。

他創辦過雜誌，該雜誌一經出版就非常暢銷。他還開過唱片公司，業務涵蓋了唱片銷售、專輯製作、錄音等多個領域。

他推出的唱片登上了各大音樂榜榜首，他還簽下了許多著名的歌手和樂隊，如滾石樂隊、辣妹組合等。

布蘭森創辦的最著名的企業就是維珍航空——開啟了航空業的新篇章。

有一次，布蘭森發現航空業服務和顧客體驗都極差，人們坐飛機就像被牛趕上車一樣。這成了他決定開設價格低廉的跨大西洋航班的契機。後來，大名鼎鼎的「維珍航空」誕生了。

維珍航空在某種程度上顛覆了傳統航空業。它提供更優質的服務，在飛機座椅背後配備螢幕供乘客觀看電影，維珍是這方面的先驅者，領先其他航空公司很多年。維珍航空也是最早禁止在飛機內吸煙的企業，為乘客營造了乾淨的飛行環境。

再後來，他的商業帝國不僅涉及航空、唱片業，還延伸到鐵路、電子、零售、航空製造等領域。這讓他連續名列福布斯富豪榜多年，成為家喻戶曉的成功人士。

有人或許會好奇，創建了如此龐大的商業版圖，對布蘭森來說，最重要的資產是什麼？

沒錯，依然是一個筆記本！

他不止一次說過，無論何時何地，都會隨身攜帶筆記本，甚至旅行時也會帶著。這樣做可以讓他隨時隨地記下腦中的任何想法。布蘭森總有許多天馬行空的想法，極富創意的商業宣傳手段，他似乎總能洞察市場藍海，找到商機。靈感易逝，如果不及時寫下來，這些寶貴的點子就稍縱即逝。正是因為他堅持記錄下所有的想法，正是這一頁頁的筆記，幫他一步步積累了如今的財富。

在經營企業時，他同樣會隨時帶著筆記本，記錄看到的問題，無論大小，然後一個個去解決。他會和機組人員聊天，會和每一位元乘客聊天，記錄他們的回饋，甚至會關注機組人員的新工作鞋是否合腳。

他會詳細列出他不喜歡的產品的特點，再寫下自己期望看到的產品特點。然後想方設法改進那些不盡如人意的地方，逐步將產品打磨成喜歡的樣子。

筆記本成了布蘭森靈感的搖籃，孕育了一個個創意和大膽的商業想法。他會根據記錄的問題，不斷地問自己「為什麼」，一步步接近問題的本質，找到更好的解決辦法。

想想看，我們曾讓多少靈感白白溜走！也許我們錯過的也是價值百萬的好點子！

✎ 是畫家也是科學家

著名畫家達文西同樣也是筆記的狂熱分子，他的筆記結合了文字、符號、各種圖表和色彩，使內容更加清晰。他的筆記本像一本圖文並茂的百科全書，很多博物館也曾展出過他豐富的筆記——「達文西手稿」。

科學史學家丹皮爾曾說：「如果當初達文西發表了他的著作，科學會快進一百年。」

✎ 超人般的生產力

「世界發明大王」湯瑪斯・愛迪生（Thomas Edison）擁有上千項發明，他不僅發明了電燈，還有電池、留聲機、發報機，等等。愛迪生是歷史上最高產的發明家之一，對人類文明做出了深遠的貢獻。

愛迪生是如何做到如此高產的呢？也許我們能在他的筆記本中找到答案。

據統計，愛迪生記錄了約 500 萬頁的筆記。這些筆記包羅萬象，不僅包括每項發明過程中的所有細節，還包括實驗項目、任務清單、成本管理，等等。據說，為了研究電燈，愛迪生就記錄了上萬頁的筆記內容！

　　不管奧運選手、億萬富翁、著名畫家，還是發明大王，都離不開做筆記，做筆記彷彿打開了他們的想法，讓他們記住更多的東西，思考得更加深入，輸出更多成果，幫他們成為各個領域首屈一指的行業領袖。

　　人們也開始發現做筆記的重要性，關於做筆記的教程和技巧開始大量湧現，在社交媒體上關於做筆記的熱門影片播放量高達幾百萬，關於筆記的話題瀏覽量更是上億！

　　面對五花八門的做筆記技巧，如何選擇適合自己並能應付各類場景的筆記方法？

　　答案就是**你可以嘗試康乃爾筆記法**。

改變思維，重塑人生

在你的一生中，你是想當一個被動的人，逆來順受地坐等命運降臨，還是想當一個主動出擊、為自己爭取機會、改變命運的人？

我相信大部分人都想成為後者，但他們的行為卻恰好相反。

這一點也許在做筆記這件事中能找到端倪。有些人根本不做筆記，任由知識來了又去；有些人做筆記不假思索，照抄所看到的內容；有些人記完筆記後懶得再看，懶惰是一時的，但久而久之會拖累整個人生。

你需要明白，你是自己人生的唯一負責人。開始行動，才能帶來改變。改變做筆記的方法，就是一個讓你掌握主動權的過程。

▌與傳統筆記的區別

與傳統筆記相比，康乃爾筆記不僅解決了傳統筆記中的雜亂無章，讓人缺乏思考、不懂應用等問題，還幫助我們理解和分析資訊，改善思維方式。

更為奇妙的是，康乃爾筆記法可以滿足不同的使用需求：

- 學生可以用它提高學習效率，應對聽講、複習和考試，提升記憶力和專注力；
- 社會人士可以用它管理任務，高效完成工作，實現卓越；
- 有寫作需求的人可以用它整理讀書筆記、提高寫作水準；
- 所有人都能利用它做規劃、進行自我管理、提高創造力、進行反省和檢討。

透過康乃爾筆記法，我們可以改變思維方式，實現自我成長和突破。改變做筆記的方法，將成為我們開啟新認知的大門。有了它，我們會變得更高效，將學習和工作安排得井井有條，做事會更有條理，邏輯能力和解決問題的能力也會大大提高！它的功能還可以根據我們的具體使用而拓展。

康乃爾筆記法是什麼

　　康乃爾筆記法是一個簡單科學的筆記系統，一套行之有效的工具。這個筆記系統操作非常簡單，容易上手，但它背後的邏輯和原理卻極為深刻。

　　透過這套筆記方法，我們可能會徹底顛覆原有的學習和工作方式。我們將對學習有更深刻的理解，讓效率顯著提升，迅速走上自我成長的快車道。

　　這一切都要歸功於華特‧波克（Walter Pauk），他是康奈爾大學的教育學教授，正是他發明了康乃爾筆記法。

　　康乃爾筆記法一經問世，就席捲學術圈，並且已經風靡了半個多世紀！經過時間的檢驗，它歷久彌新。它從來都不是什麼秘密，全世界都公認它為最有效、最具科學性的筆記體系。

　　雖然很多人都知道康乃爾筆記法，但真正知道如何運用它的人卻很少。

　　接下來，我們開始正式介紹康乃爾筆記法！

　　你準備好了嗎？

▌畫出康乃爾筆記

　　使用一張 A4 大小的紙或筆記本。在距離左側 6 公分的位置畫一條分隔號，停在距離頁面底部 5 公分的地方；然後，在距離頁面底部 5 公分的位置畫一條橫線。

　　這樣，一頁康乃爾筆記格式就完成了！是不是非常簡單？

　　圖 1-1 展示了康乃爾筆記的格式，圖 1-2 展示了如何畫出康乃爾筆記。

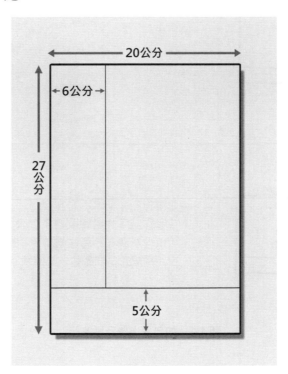

圖 1-1　康乃爾筆記的格式

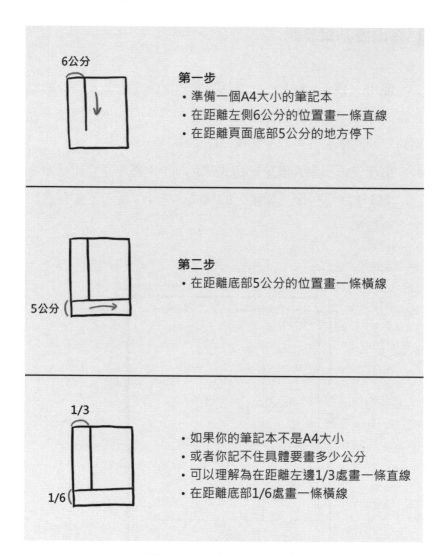

圖 1-2　如何畫出康乃爾筆記

▍康乃爾筆記法的 3 個區域

　　透過康乃爾筆記格式，一頁紙被分為 3 個區域：筆記欄、線索欄和總結欄。它們「各司其職」，分工明確，具有完全不同的用途和意義，如圖 1-3 所示。

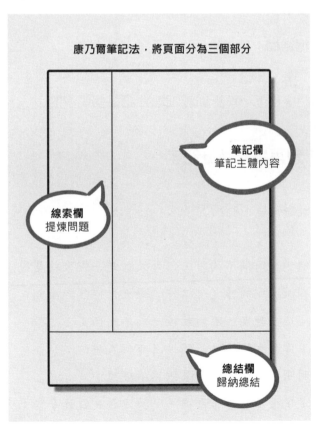

圖 1-3　康乃爾筆記法的 3 個區域

- **筆記欄**：位於右側，記錄筆記的主體內容，例如，課堂上老師講的知識、黑板上的板書、閱讀中學到的內容、工作上的任務等。
- **線索欄**：位於左側。將右側的筆記內容提煉成一個個問題，寫在這裡。就像一個「提問系統」，是筆記的索引欄。
- **總結欄**：歸納總結這一頁筆記的內容。

我們會在下一章更加詳細地介紹每個區域的用法。

▌停！別再這樣做筆記了

你是否有以下的情況：

- 總覺得時間不夠用，但每天玩起手機來就是幾小時；
- 有做不完的作業、工作，每天忙得焦頭爛額；
- 拖延症晚期，不到最後一刻不開始；
- 工作和生活混為一談，沒有個人時間；
- 明明很努力，但結果依然不理想；
- 定了很多計畫和目標，堅持沒幾天就放棄了；
- 想培養興趣愛好，卻遲遲開始不了；

　　以上的情況你占了幾項？還是全部都中了？不要緊，這是目前大部分人都面臨的問題。我們有太多的事情要做，有太多的問題要解決，而又有太多讓我們分心的東西，於是時間越來越不夠用，個人的空間被擠壓得越來越小。

　　無論現在的你，對現狀有著怎樣的不滿，你都可以透過自己的力量進行改變。

　　做筆記幾乎是我們每天都在做的事情。課堂上，老師講的重點，我們會記在書上或筆記本上；工作中，主管提出的各種工作要求，同事討論的下一步工作計畫，我們會記在工作本上；生活裡，想要提醒自己一件事，或者記一個電話號碼，我們會隨手記在便利貼上。

　　我們幾乎每天都在做筆記。但是，你真的會做筆記嗎？

　　很多人不會做筆記，甚至一直在用錯誤的筆記方式。錯誤的筆記方式，不僅會讓我們走很多彎路，甚至還浪費時間，拖我們的後腿！圖 1-4 展示了幾個典型的問題。

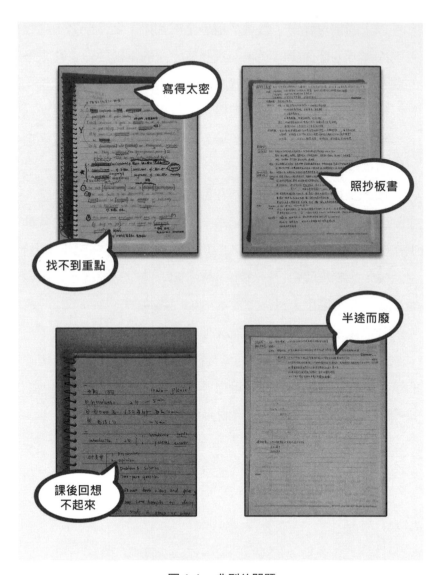

圖 1-4　典型的問題

▌ 常見的做筆記問題

以下幾種錯誤的筆記方式，哪種是你正在使用的？

密集型筆記

使用很小的筆記本，導致每頁筆記都密密麻麻，毫無排版之美。

危害：為複習帶來困難，找不到重要資訊，不知從哪看起。每頁記得太滿也容易導致「懶得看」的心態，降低學習效率。

無腦抄書型筆記

恨不得把課上老師說的每句話、板書的每個字都抄寫下來，過於追求完整性，生怕遺漏了什麼。這類筆記被稱為「無腦抄書型筆記」。

寫下筆記的過程，應該是一個思考的過程，我們應該用自己的話來複述聽到和看到的內容。

危害：如果只是抄寫，原封不動地把老師的板書、課本的內容抄下來，毫無自己的思考，不僅極其浪費時間，對學習也毫無幫助，我們就變成了一台「複製貼上」的機器。

半途而廢型筆記

有的學生在開學時興致勃勃買了很多筆記本和文具，決定

要「大幹一場」，好好做筆記，但沒寫幾頁就放棄了！可能是覺得麻煩，也可能是學業壓力大，沒時間做筆記。

危害：做筆記需要持續的輸出，如果只是偶爾做筆記，效果和不做筆記沒有太大區別。

失憶型筆記

上課時老師講得太快，來不及做筆記，或者恍神了，導致筆記很潦草地寫在書上、筆記本上，結果下課了連自己都看不懂。

危害：這樣的筆記讓人完全回憶不出自己當初記下這些內容的想法和目的。

「閱後即焚」型筆記

有的人在做完筆記後，就把它丟到一邊，再也不看；有的人因為時間緊迫，來不及看；有的人因為不知從哪看起，索性不看。

危害：明明做了筆記，卻沒有複習，那就等於白費功夫。筆記的一個作用，就是幫助記憶，寫完的筆記一定要複習，才能發揮其作用。

過度美觀型筆記

有的人花費很多時間做筆記，將筆記整理得像手賬一樣，

有各種格式、排版、螢光筆跡、貼紙。乍一看很美觀，但太花哨、顏色太多。

危害：不利於後期查找資訊，這類筆記浪費時間，本末倒置。做筆記是為了更好地服務於我們的學習和工作，大可不必拘泥於形式。

混亂的工作筆記

有的人會議記錄寫得太過煩瑣、內容混亂，後期無法追蹤，導致工作進度緩慢，沒有進展。

從小到大，我們從未被教授過如何做筆記，以及如何使用筆記本。大部分人都是在成長過程中一步步摸索，「自學」了如何做筆記。就像一上來就告訴我們要用功學習，卻不告訴我們如何學習。

筆記在我們的學習和生活中無處不在，雜亂無章的筆記讓我們找不到關鍵資訊，寫完了再也不看的筆記毫無意義。無效筆記不僅浪費時間，還阻礙我們前進。快看看自己的筆記屬於上述的哪種情況吧！

那麼，怎樣的筆記屬於高效筆記呢？第二章將接著手把手教你。

康乃爾筆記法的原理和應用

這才是高效筆記

　　著名投資人查理・蒙格（Charles Munger）創造了很多投資界的神話。他說過，想要成功，其中一個方法就是避免可能會出現的失敗。

　　我們現在已經知道哪些筆記方式是錯誤的，在今後的學習中要盡全力避免做出這樣的筆記。

　　無論為了提升學習成績，還是為了實現更高的人生目標，我們都應該學會做高效筆記。

▌ 什麼是高效筆記

- 幫助理解：筆記是理解後記錄下的產物，我們應結合自己的思考，進行總結和反省。
- 概括總結：我們要用自己的話概括相關知識，對原文進行濃縮改寫，而不是簡單地抄寫。
- 格式和結構：我們要按照科學、有效的筆記格式記錄資訊，建立清晰、明確的知識體系。
- 簡明扼要：我們應簡潔地記錄核心和關鍵內容，捨去無關緊要的內容，避免冗雜。

- 圖文並茂：我們要善用圖表，結合文字，促進理解和記憶。
- 條理清晰，主題明確：我們應透過編號、小標題、分類等，建立資訊框架，便於查找內容。筆記的每一頁都應有對應主題。
- 易於回顧：筆記內容應便於複習和查找，幫助記憶，活學活用。

我們不難發現高效筆記和無效筆記的區別，如圖 2-1 所示。請牢記這張圖，每過一段時間，根據這個對比圖問問自己，現在做的是高效筆記還是無效筆記。

高效筆記可以幫助我們轉變思考方式、培養思維，讓我們在學業、工作，甚至副業、任何想要發展的領域，取得前所未有的成就。

康乃爾筆記法是被世界公認的一種科學、有效的筆記方法，符合上述高效筆記的原則，被常春藤名校、國際知名企業廣泛運用。並且，它可以有效避免低效筆記中的常見問題，從源頭控制做筆記的品質！

它的筆記格式，透過一些「條條框框」讓我們主動思考，比如，幫我們思考：這章內容、這節課的重點是什麼？這段話如何簡要概括？考試會怎麼考？等等。而這些是我們在學習時

可能不會主動去做的事，但這些想法才是在加工資訊、在大腦中分析資訊，從而理解資訊。只有這樣，我們才能記得更牢固，才能真正「理解」、「吸收」知識。

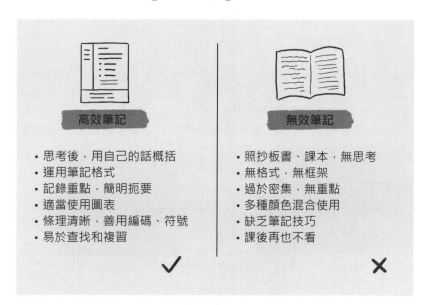

圖 2-1　高效筆記和無效筆記

康乃爾筆記法好在哪

使用康乃爾筆記法具有以下幾個好處。

第一個益處：幫助記憶

就像維珍航空的老闆布蘭森所說，如果不寫下來，就會忘記。不做筆記可能讓我們在考場上損失十幾分，也可能讓我們錯過價值百萬的商業靈感！

同樣，**筆記本就像達文西、愛迪生的第二大腦**，幫他們記住了各種各樣的科學內容和發明。

在第 4 章中，我們將講解如何透過筆記成為記憶高手！

第二個益處：促進思考

康乃爾筆記法可以幫助思考。如果只是原封不動地、機械地抄寫聽到或看到的資訊，那我們只是在複製貼上，被動地接收資訊。大腦不會對接收到的資訊進行加工，如果沒有主動思考，這樣的筆記幾乎沒有意義。

筆記 ≠ 複製

筆記 = 思考

筆記是思維方式的體現。正如愛迪生的筆記一樣，科學的筆記格式可以幫助我們整理龐雜的資訊，化繁為簡，加工、分析資訊，重新編碼和組織資訊。它還可以幫助我們進行邏輯思考，做出判斷，從線索中提取資訊，得出結論，產生靈感。透過正確有效的筆記方法，我們的學習成果、工作和生活將大有改變。

第三個益處：提升效率和生產力

愛迪生透過筆記本列出待辦清單，高效完成多項任務；奧運選手使用筆記規劃時間，提升效率。筆記有助於我們釐清想法，讓學習和工作更有條理。

我們可以透過康乃爾筆記法做計畫，規劃任務，並將任務拆分成小而具體的步驟，擺脫拖延並提高生產力。

第四個益處：幫助輸出，產生靈感

無論我們學習什麼、方式如何，最終的目的都是輸出。

無論在考場上流暢地寫出答案，還是在工作中自如地做報告，抑或是用學到的資訊提升技能，改善生活。

學習的目的是將知識應用於實踐。商業奇才布蘭森、畫家達文西，都靠做筆記完成了從輸入到輸出的過程，他們透過做筆記抓住靈感，迸發出無限的創造力，實現了卓越的成就。

康乃爾筆記法第一步：筆記欄

　　我們已經了解到，康乃爾筆記將一個頁面分為 3 個區域：
筆記欄、線索欄和總結欄，如圖 2-2 所示。接下來，我們看一
看如何使用這 3 個區域。

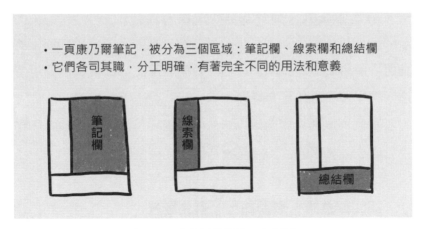

- 一頁康乃爾筆記，被分為三個區域：筆記欄、線索欄和總結欄
- 它們各司其職，分工明確，有著完全不同的用法和意義

圖 2-2　康乃爾筆記的 3 個區域

▌筆記欄是什麼

　　筆記欄是頁面右側的區域，如圖 2-3 所示，主要是用來記
錄課堂上老師講的知識、黑板上的板書，或者閱讀、講座、網
路課程裡學習到的內容，以及工作中的主要事項。

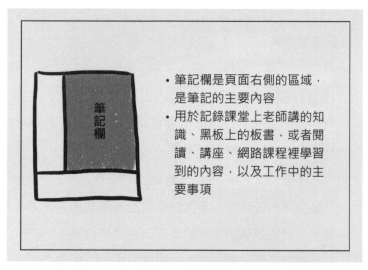

圖 2-3　筆記欄

　　在第 9 章，我們會詳細介紹關於做筆記的各種實用技巧。

　　學習中的一大誤解，是以為「看過了＝記住了」，以為

「記住了＝學會了」，但實際上並非如此。這只是給我們帶

來了一種「我學會了」的錯覺，而我們並沒有真正理解。過

一段時間，我們會發現明明看過的內容卻記不住，總會遇到

覺得在哪看過這個資訊，但就是想不起來的情況。這會讓我

們在學習、聽課、看書時很容易走馬看花，像蜻蜓點水一樣

浮於表面，並沒有真正理解知識。

筆記欄怎麼用

- 在第一行寫下課程名稱、章節、日期、會議名稱、標題等，方便後期查閱。
- 有選擇地記錄。篩選出重要資訊，有選擇地記錄要點和考點，而不是什麼都寫。
- 「三不要」。不要原封不動地抄；不要一字不落地記下老師講的每句話；不要只做筆記不聽講。
- 要用自己的話表述筆記的內容，複述後寫出來。
- 做到簡潔明瞭。應該用短句記錄，筆記是濃縮的課本。我們可以把筆記整理成考前的複習資料，有了它就不需要再翻閱課本了。
- 分點記錄，靈活運用縮寫、符號、小標題，採用縮進方式使筆記更整潔。
- 每一頁記錄一個主題。

在做筆記時，我們必須用自己的語言表達。只有複述，才能發現哪些部分我們已經理解了，哪些部分還沒有完全理解。這個過程才是學習，才能把課本上的知識內化為自己的知識。

康乃爾筆記法第二步：線索欄

▌ 線索欄是什麼

　　線索欄是筆記頁中左側這一塊長條的部分，在完成筆記的主體內容後才會用到，如圖 2-4 所示。

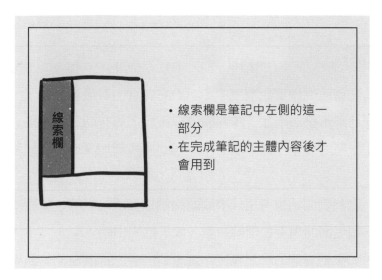

圖 2-4　線索欄

線索欄寫什麼

- 將右側的筆記內容提煉成一個個小問題，寫在線索欄中。
- 像一個「提問系統」。設想，如果你是一位出題老師，要把右側的筆記內容匯總成幾個考試題目，你會怎麼寫？
- 例如，「×× 歷史事件的形成有哪些原因？」「如何解釋 ×× 物理原理，並舉例說明？」

　　在傳統的做筆記情境中，記錄完課堂內容後就結束了，但是康乃爾筆記法增加了線索欄這一步驟，這有助於我們進一步加工學習的知識。線索欄的存在有助於我們加深理解和加強記憶。

　　當我們開始思考用什麼問題歸納這一段筆記時，我們就站在一個更高的角度去理解知識，像一位「出題人」。

　　如果把右側的筆記欄比作課本的內容，那麼左側的線索欄類似於書的索引。透過建立知識框架，讓筆記更加有系統。

線索欄怎麼用

－ 在課後複習時填寫線索欄，用於梳理筆記內容。在整理的過程中，我們可以清楚地知道自己哪些地方還沒有完全掌握。

－ 使用疑問句，而不是陳述句。注意，線索欄中列出的「問題」，不是你沒有理解的地方，而是把右側的筆記內容總結成一個個「題目」。

－ 我們應當在課後立刻補充線索欄。

█ 線索欄不是關鍵字欄

　　線索欄不應被當作關鍵字欄。到了後期複習的階段，線索欄的一個作用是，即使不看右側的筆記內容，透過快速瀏覽左側列出的問題，我們也能很明確地了解這一頁筆記包含了什麼內容。在考前複習時，線索欄能幫助我們快速定位重點，確認知識脈絡，節約時間，如圖 2-5 所示。

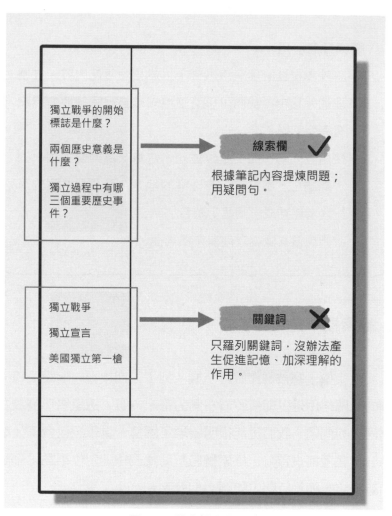

圖 2-5　線索欄和關鍵字

　　如果寫得太過簡單，或者只簡單羅列出與筆記相關的關鍵詞，那麼是起不到促進記憶的作用的。而且，這樣做也無法加深自己對筆記的理解。

　　比如筆記中關於獨立戰爭的內容，線索欄應該寫：

　　「獨立戰爭的開始標誌是什麼？」、「兩個歷史意義是什麼？」、「獨立過程中有哪三個重要歷史事件？」（√）；

　　而不是簡單地寫成：

　　「獨立戰爭」、「獨立宣言」、「美國獨立第一槍」（×）。

康乃爾筆記法第三步：總結欄

▌總結欄是什麼

　　總結欄位於筆記頁面的底部，用於對寫完的筆記欄和線索欄進行總結。它簡要地總結了這一頁的內容，是筆記的摘要和概括。記錄總結欄通常是做筆記的最後一步。總結欄的格式如圖 2-6 所示。

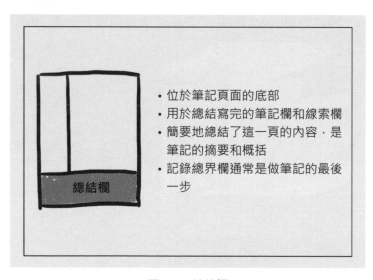

- 位於筆記頁面的底部
- 用於總結寫完的筆記欄和線索欄
- 簡要地總結了這一頁的內容，是筆記的摘要和概括
- 記錄總界欄通常是做筆記的最後一步

總結欄

圖 2-6　總結欄

總結欄怎麼用

- 在使用總結欄時，我們可以將這一頁筆記內容概括成幾句話。

- 在總結筆記時，我們可以問自己：「我從這節課中學到了什麼？」、「如何用 3 句話概括本章內容？」

這一部分是最具挑戰的，也是最容易偷懶的一個環節。歸納總結並不容易，我們需要系統地瀏覽筆記，積極動腦並找出要點，提煉出大段文字的核心觀點，並用自己的語言，十分簡練地將其寫在總結欄內。

然而，這個動作非常鍛鍊學習能力。相信我，每天在完成筆記後進行總結，堅持一段時間，你會發現自己的邏輯能力和答題能力都上了一個臺階！這對學習和日常生活都十分有益。

有時候，學習重點像毛線球一樣盤根錯節、雜亂無章。總結的過程是一個主動思考的過程，幫我們把零碎的知識形成網路，分層次地梳理成脈絡清晰的知識框架。從細節到整體地思考學習內容，可以幫助我們加深對知識的理解。

這個歸納的過程也是自我檢驗的過程。當我們再回看學習重點時，如果發現有的地方總結不出來或邏輯混亂了，表示我們可能沒有完全理解這部分內容，需要深入學習。

　　無論總結一段話還是一個章節，用自己的話概括都是一個吸收知識和消化知識的過程。

▌什麼時候寫總結欄

　　總結欄應在完成筆記欄和線索欄的內容後進行歸納整理。不要拖得太久，最好在一堂課結束後立刻進行總結。

　　在下一節課開始前，快速回顧上一節課的總結欄內容，溫故而知新，有助於我們更好地銜接每個章節的內容。

　　我們透過一個例子來看看如何使用康乃爾筆記法。如圖2-7 所示，我們將第 1 章中介紹康乃爾筆記法的內容，透過 3 個區域整理了出來。

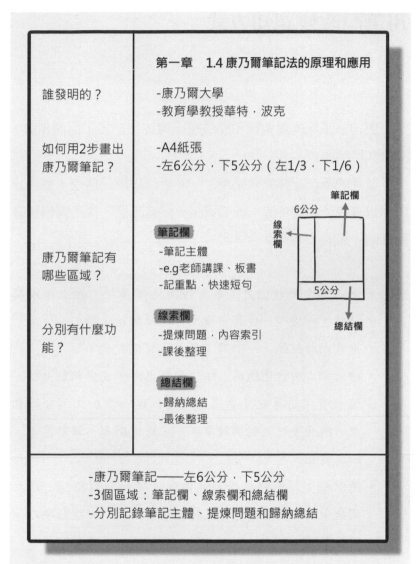

第一章　1.4 康乃爾筆記法的原理和應用

誰發明的？

- 康乃爾大學
- 教育學教授華特·波克

如何用2步畫出
康乃爾筆記？

- A4紙張
- 左6公分，下5公分（左1/3，下1/6）

康乃爾筆記有
哪些區域？

分別有什麼功
能？

筆記欄
- 筆記主體
- e.g老師講課、板書
- 記重點，快速短句

線索欄
- 提煉問題，內容索引
- 課後整理

總結欄
- 歸納總結
- 最後整理

筆記欄

6公分

線索欄

5公分

總結欄

- 康乃爾筆記——左6公分，下5公分
- 3個區域：筆記欄、線索欄和總結欄
- 分別記錄筆記主體、提煉問題和歸納總結

圖 2-7　康乃爾筆記法示例

用筆記改變認知方式

　　康乃爾筆記的線索欄和總結欄比傳統筆記多了兩個步驟，這是其精華所在。

　　普通的筆記記錄完就結束了，而康乃爾筆記透過 3 個部分的模組完成了多重功能：加工資訊、促進記憶、找到邏輯和總結歸納，如圖 2-8 所示。

- 筆記欄：幫我們更清晰、快捷地做筆記。在上課或閱讀時，一邊學一邊寫下重點，比單純地「聽」、「讀」更有助於記憶。——寫下筆記，幫助記憶。
- 線索欄：向自己提問，保持主動思考，充分調動大腦。這一步比簡單記住更深了一層，進一步加工、分析資訊，提升筆記的利用效率。——提煉問題，幫助思考、加工資訊。
- 總結欄：歸納總結學到的內容，從細節到整體，建立宏觀架構，幫助我們有效地整理要點。——總結要點，吸收知識。

　　透過改變做筆記的方式，我們扭轉了認知和思維模式，從而改變了自己的行為。當我們的行為發生改變時，我們的人生也將發生改變。

　　所以，改變做筆記的方式，從現在開始！

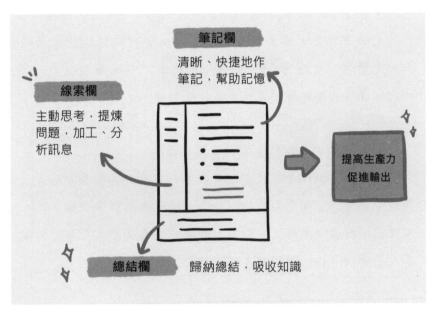

圖 2-8　康乃爾筆記的功能總結

如何選擇筆記本

● 用 A4 或 B5 大小的筆記本。

大的筆記本，頁面更大，一頁或兩頁可以記錄整章的內容，更緊湊、更連貫。而 A5 或 A6 的筆記本頁面太小，一章的內容往往需要記好幾頁，容易打斷想法。

● 用方格本、點陣十字紋本或空白本。

方格本、點陣十字紋本或空白本，更易於畫出筆記格式、圖表等，發揮空間更大。相比之下，橫線本的橫線距離固定，不便根據內容變換格式。當然，如果你的書寫不太整齊，橫線本也是一個不錯的選擇。

● 用線圈本或活頁本。

線圈本可以平攤，對折更靈活；活頁本可以根據使用情況調整頁面順序，還可以隨時加頁補充內容，如圖 2-9 所示。

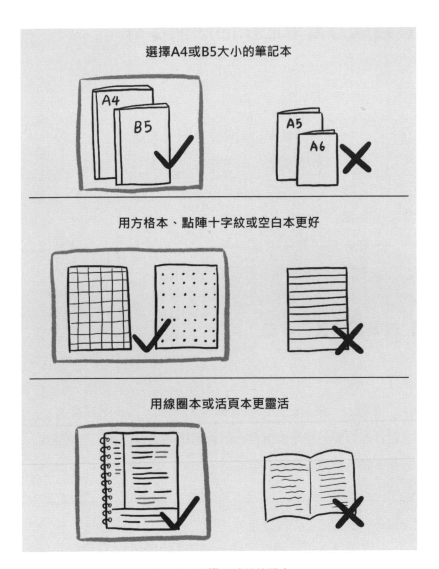

圖 2-9　選擇正確的筆記本

實踐康乃爾筆記法的四個步驟

請問做筆記的最佳時機是什麼？

A. 課堂上　　B. 下課後　　C. 第二天

圈出你的答案吧！

答案是 B. 下課後！是不是有些出乎意料呢？你或許認為應該在課堂上做筆記或者邊讀書邊做筆記。

▍做筆記的最佳時機

實際上，做筆記的最佳時機是下課後，而不是課堂上。上課的首要任務是確保自己跟著老師的講課節奏，先聽懂，而不是急於把老師說的話都記下來。

上課時，你可以適當記錄一些重點和考點，只需要快速記錄即可。

　　如圖 2-10 所示，左邊的課堂筆記試圖記下老師講的每一句話、黑板上的每一個字。雖然筆記記了很多，但只是忙著書寫，沒有完全聽講。在這種情況下，在課後你會發現明明老師講過的內容卻不了解，還要花大量時間自己學習。

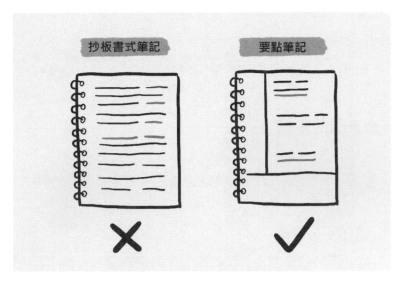

圖 2-10　抄板書式筆記和要點筆記

　　相反，右邊的要點筆記，只是零星記錄課堂中的重點和要點，如老師提到的考點、拓展的知識、總結的規律，等等。課堂上，讓大腦先聽懂，先理解知識，然後才是做筆記。

　　下課後，我們應該針對課堂上的重點對筆記進行補充。這時，我們要回憶整堂課的內容，將學習重點、課本上的內容及老師的講解，完整且系統地整理成筆記，這有助於加深理解和

記憶。

　　補充筆記的最佳時機應當是課後，並且一定要在當天完成。這時我們的記憶最鮮明，還保留著對課堂上大部分內容的記憶。在這時進行筆記整理的效果最好，還能二次加深記憶。如果隔幾天再整理筆記，你會發現很多地方都想不起來了，這樣就得不到鞏固知識的效果。

　　因此，下課後馬上整理筆記相當於即刻複習，最為有效。

▍做筆記的步驟

　　只有按照正確的步驟做筆記才能發揮筆記的最大作用。

第 1 步，理解

　　在上課時或閱讀中，我們首先要確保聽懂、看懂內容，理解是做好筆記的前提。我們可以在筆記欄或課本上記錄重點，但不要大篇幅做筆記。（在之後的內容中，我們將詳細介紹如何做好課堂筆記。）

第 2 步，記筆記

　　在課後或閱讀完成後，我們要立刻回憶複習本節課的內容，並在康乃爾筆記中的筆記欄將筆記補充完整。要儘早補充，最好不要超過當天。

第 3 步，提煉問題

課後，我們應根據筆記完成線索欄的內容，將右側筆記的要點提煉成一個個問題。

第 4 步，總結

完成了筆記欄、線索欄的內容後，我們要認真思考，將整頁的筆記歸納為總結欄的內容。

做筆記的步驟：

理解→記筆記→提煉問題→總結

康乃爾筆記的使用步驟如圖 2-11 所示。

第1步：
-上課時或閱讀中，先聽懂、看懂
-在筆記欄或課本上記錄重點
-不要大篇幅做筆記

第2步：
-課後或閱讀完成後，立刻回憶本節課內容
-在筆記欄補充完整
-要盡早完成，最好不要超過當天

第3步：
-繼續完成線索欄的內容
-將右側筆記的要點提煉成一個個問題

第4步：
-最後認真思考，將整頁筆記歸納為總結欄的內容

圖 2-11　康乃爾筆記的使用步驟

第 3 章

提升專注力

集中注意力困難

✎ 影片時間長度的變化

近年來，學者們在有關選舉的新聞節目中發現了一個有趣的現象。

媒體報導總統選舉節目時，關於候選人連續演講的鏡頭時間長度發生著微妙的變化：在 1968 年，候選人連續演講的鏡頭時間長度超過 40 秒；到了 20 世紀 80 年代末，這類鏡頭時間長度減少到低於 10 秒；到了 2000 年，鏡頭只有 7-8 秒。

也就是說，新聞中關於同一個鏡頭的播放時間越來越短，不斷切換鏡頭的頻率越來越高。

40 年前，人們在電視上可以看到同一個人連續演講的畫面長達半分鐘，但現在，我們只能看到幾秒鐘，之後，電視畫面會不斷地在演講人和其他場景中切換，也許只展示演講人幾秒，鏡頭就會轉到人群，然後又跳轉到場地全景，等等。

如果你覺得自己越來越難以集中注意力，其實並不是你一個人會這樣！幾年前，社交媒體上的主流影片都是中長影片，即時間長度為 5 ～ 10 分鐘，甚至更長。

　　但如今，恐怕很難讓你看完一條 10 分鐘的影片！現在的社交媒體是短影音的天下，1 分鐘、2 分鐘，甚至更短的影片才受歡迎。

　　這個世界發生了什麼事？

　　難道媒體是始作俑者，其發佈的內容時間長度逐年變短，導致了人們注意力不足？還是人們自身注意力逐漸降低，導致媒體為適應觀眾喜好而將內容時間長度變得越來越短？

▌「注意力不足症候群」

　　注意力不足似乎成了現代社會上的一種流行病。現代人的生活中充斥著各種各樣讓人分心的元素，做不完的雜事、狂轟濫炸的媒體新聞、不斷彈出的手機提醒。

　　我們能夠集中注意力的時間似乎越來越短，注意力已經變成了一種稀缺資源。短影音的流行或許能說明這一現象。短影音透過快速切換的畫面、各種各樣的音效、誇張的特效吸引著人們的注意力。

　　現代人沉迷社交媒體的一個原因，是它的展現形式。

　　快速變換的鏡頭、博眼球的劇情、快節奏的背景音樂及各種各樣的音效，牢牢地抓住了我們的注意力。這些短影音製作者深知我們什麼時候要恍神了，於是運用各種影片製作和剪輯技巧，讓我們目不轉睛地盯著螢幕。各大平臺還透過各種演算

法，不斷推薦符合我們「口味」的內容，把我們的注意力牢牢控制在它們的手中。

在瀏覽社交媒體時，我們的大腦就像一個走在流水線上的機器人，不需要思考，不需要變通，只要目光呆滯地跟著機器的傳送帶行走就可以。

大家不妨試試，每天結束前查看一下自己在社交媒體上的觀看記錄，你一定會驚訝於自己竟然看了這麼多內容，而且肯定想不起來大部分的內容具體是什麼！

注意力本身有限

🖋 餐廳服務生的超群記憶

　　很多餐廳服務生有著驚人的記憶力。他們能夠在幫一桌顧客點完單後，清晰地記得這桌點了哪些菜，有哪些菜還沒有上齊。但是，一旦這桌的所有菜都上齊，顧客用餐結束，服務生就會瞬間忘掉剛才這桌顧客點的菜。為什麼服務生會從什麼都記得住，變成瞬間遺忘？

　　這就是著名的「蔡加尼克效應（Zeigarnik effect）」。對服務生來說，一桌的菜還未上齊，就是一項未完成的任務，未完成的任務會占據大腦的容量，干擾注意力，一直等到這項任務被完成，大腦才會認定這項任務已經結束，於是在記憶中抹除這件事的相關資訊。

▌ 大腦的注意力本身有限

　　未完成的任務會一直存在於大腦中，佔據我們的注意力。由於人的注意力有限，當我們要同時處理多項事務時，我們的注意力就會被分散，導致無法專注於每項任務。

　　當代人很喜歡進行「多工工作」，即同時處理多項任務，這看似高效，但結果卻恰恰相反。我們習慣上班時同時完成幾項任務，習慣一邊學習一邊回資訊，一邊吃飯一邊看影片。多任務工作不僅不會節約時間，還會導致效率低落。

　　當我們同時處理多項任務時，我們並沒有真的「同時」在做兩件事，只是在不同任務間跳來跳去。每次切換任務時，都會消耗掉更多的注意力。因此，我們的精神是很難集中的。而且，當我們再次回到剛才做的那項任務時，我們要「重新介入」，要花更多的精力才能再次集中精神。

　　舉個例子，當你在寫作業時，手機響了，如果你拿起手機回覆消息，就相當於開啟了一項新的任務，這就消耗了一部分注意力。當你再回到寫作業的狀態時，相當於又開啟了另一項新任務，因為你無法無縫銜接地從剛結束的地方開始，而是需要重新進入狀態，甚至又從頭開始思考這項作業，所以你又消耗了一部分注意力。

　　同時做兩件事 = 把兩件事做了 2+N 遍 = 做了 N 件事。

　　解決方法其實很簡單，**一次只做一件事**。每次只專注一項任務，把時間劃分成不同的時間段，一個時間段集中處理一項事務。把一件事做完了，再開始做另一件事。

如何提升專注力

　　很多成功人士在被問及成功的秘訣是什麼時，他們給出了同樣的答案：專注。

　　從蘋果聯合創辦人賈伯斯到投資大師巴菲特，他們無一例外地都提到：專注是成功最重要的品質之一。

▌什麼是專注力

　　專注是指當你在做一件事時，將全部精力和思維都集中到這件事上，並能夠長時間地集中注意力。

　　如果將注意力比喻成一條河流，當你完全投入任務並專注時，就像一片樹葉順著溪水，自然而然地往前漂流，輕鬆自如地一路向前。你會進行深度思考，你的大腦會飛速運轉。一旦進入這種工作狀態，你做起事情會越來越有動力。

　　相反，如果注意力渙散，無法集中，就像一顆沉入水底的石子，需要外部的力量推動才能前進，這會讓你既費力又不情願。

　　積極心理學的奠基人之一米哈里・契克森米哈伊（Mihaly

Csikszentmihalyi）將這種專心投入的狀態稱為「心流」。當你進入心流的狀態時，會將精神高度集中於某項活動上，有種「身心合一」的感覺。我們都曾有過這樣的體驗，可能在全神貫注地看一本書，或者非常投入地玩遊戲，心無旁騖，甚至聽不見身邊的人喊我們。當我們完全沉浸在正在做的事情中時，大腦會積極地思考，我們會感到充實和興奮。進入心流的狀態讓我們更加專注，效率更高。

那麼，有什麼技巧可以幫助我們集中注意力？

▍如何提升專注力

提升專注力並不難，我們只需要簡單記住兩個方面：

一，是增強內部力量，也就是提高我們的內驅力；

二，是減少外部環境的干擾。

透過內外結合，你也可以成為專注學習和工作的高手。

圖 3-1 展示了提升專注力的主要內容。

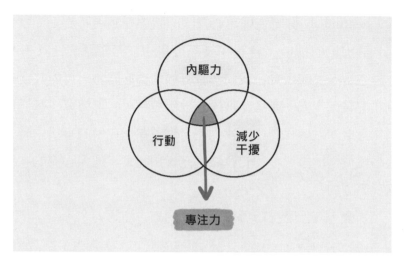

圖 3-1　提升專注力

　　以下羅列了 13 個技巧，可以幫我們從學習、生活和時間管理等多個方面提升專注力。你可以把這份清單列印出來，張貼在書桌旁邊。每當你無法集中注意力時，就來逐一嘗試這些方法吧！

提升專注力方法一：增強內驅力

　　• **找到學習的意義和目標。**問問自己為什麼要努力學習？成績提高後會給我們的生活和未來帶來怎樣的改變？找到內部動機，看到自己的進步，會讓我們學得越來越主動。

　　• **制訂計畫，找到掌控感。**先嘗試為本週制訂一個計畫，要預習哪些課程，複習哪些內容，把它們一一羅列出來，然後

像升級打怪一樣去完成。

提升專注力方法二：行動起來

• **將要完成的事寫下來。**如果我們的腦海裡要同時記住很多事情，比如課上老師講的一個重點、工作中主管的要求，以及週末和朋友逛街的計畫，這些待完成的任務都佔據著我們的注意力。

把計畫的任務寫下來並制定解決方法和安排具體完成時間，把知識記在對應的筆記本上，這相當於告訴大腦，這件事已經得到了妥善的安排，相當於「完成」了，於是就騰出了更多空間，可以讓我們在完成當下的任務時更加專注。所以，寫下來是給大腦減負，為大腦釋放空間。

• **在課堂上，邊聽邊做筆記可以幫助我們主動思考。**在後面的小節中，我們會詳細講解如何透過正確做筆記提高課堂效率。

• **番茄鐘工作法。**一個番茄鐘的時間包括 25 分鐘的工作時間和 5 分鐘的休息時間。在工作時間內，不要做與任務無關的事情，這樣安排可以增加緊迫感，提升專注力。

提升專注力方法三：減少外界干擾

• **在學習時，應將手機調整為靜音模式，或者直接把手機放到另一個房間。**我們可以找一個固定時間統一回覆消息，

而不是時刻都在回覆消息。

● **關掉手機 APP 的通知功能。**手機的提示資訊會干擾我們，看似只是短暫地吸引了我們一秒鐘的注意力，但這些時不時出現的資訊就像一把大砍刀，把大段的時間切碎，讓我們總是被打斷。只保留最重要的 APP 通知功能（如電話、LINE），關閉其他應用程式的提示功能和訂閱通知等，我們會發現世界都變得清靜了。

● **家中房間分區。**在家裡設立一個專門的學習區域，在這個空間裡不要放置與學習無關的物品，只能擺放和學習有關的物品；在這個空間裡只能學習，不能做其他事，不要在這個區域內玩手機或刷影片。如果想休息一會兒，我們就要離開這個空間。這樣能幫我們養成一種習慣，一旦進入這個區域，就能快速進入學習狀態。

● **在安靜不被打擾的環境中學習。**這個環境可以是自習室或圖書館。

提升專注力方法四：養成良好的生活習慣

● 保證充足的睡眠。億萬富翁和奧運選手都強調了一個重要的習慣，那就是保證充足的睡眠。馬斯克就說過，如果他每天睡眠不足 6 小時，第二天就會難以集中精力。如果你在課堂上總是昏昏欲睡，做作業總是恍神，可能是缺乏睡眠的表現。每天保證充足的睡眠，在固定時間入睡和起床。在睡覺前

一個小時不要看手機或電子設備，因為螢幕的光線會刺激大腦，讓大腦一直處於興奮的狀態，即使困了你也不想睡。

　　● 有氧運動。每天進行 20 ～ 30 分鐘的有氧運動，也可以讓精力更旺盛。

　　● 飲食上要少糖，少精製加工食品，這些食物會讓你越吃越困！多吃天然食物、優質碳水。

　　方法再多，用了才有效，今天就選其中一種方法試試吧！

上課不恍神的 6 個技巧

在課堂上，恍神、打瞌睡、注意力不集中及不想聽課成了學生的普遍問題。

如何做到上課不恍神，專注聽講呢？我們介紹 6 個技巧。

▋ 保持端正的坐姿

將身體坐在椅子的 1/3 處，保持背部挺直，不要靠在椅背上。現在試一下，把肩膀打開，向下壓，胸口指向前方，頭微微向後靠，感受腹部收緊，找耳朵遠離肩膀的感覺，你現在就是一個標準的「抬頭挺胸姿勢」，像一名芭蕾舞者。

當我們採用這個姿勢時，我們會發覺自己眼神都變得炯炯有神，也打起了精神。相反，如果我們嘗試採用懶散的坐姿，靠在椅背上，彎腰駝背，腹部放鬆，是不是突然覺得自己很懶散，有點疲憊？

我們的姿態會影響我們的心態，當我們拿出認真有力的姿態時，我們的狀態也會提升，相反，如果我們擺出一副懶散的姿態，自然也提不起精神。

▊ 預習

　　課前的預習可以在很大程度上解決上課恍神和跟不上的問題。我們要在前一天晚上快速瀏覽第二天課程的內容，不需要花太多時間，重點關注以下內容：下一節課會涉及幾項主要內容？有什麼地方我沒看明白？下一節課的內容和上一節課有什麼關係？

　　在預習時，把自己的問題寫在課本對應的段落旁，帶著問題聽講可以幫我們集中精力。

▊ 跟著老師的節奏

　　上課時，一定要緊緊跟隨老師講課的節奏。

　　比老師走得快一步。當老師講解時，一邊聽老師當前講的內容，一邊思考老師接下來會說什麼。就像彈鋼琴一樣，彈著這一句的音符，眼睛就要開始看下一句，這樣手指才能提前找到下一個音符的琴鍵。這種方法可以使大腦時刻保持跟老師一樣的節奏。

　　例如，當老師在講解一道習題時，老師每講一步，我們就要看著這一步，思考下一步是什麼。這樣我們會發現，無論知不知道怎麼做，想對了還是想錯了，我們都在主動思考，在看到答案後會理解得更加深刻。

▌ 主動思考

　　另一種主動思考的方法，就是聽講時不斷地問自己「為什麼」。每當老師講到主要知識時，我們就要在腦海裡問自己「為什麼這樣用」、「為什麼重要」等，讓我們的大腦從被動的聽課變成積極的互動。

▌ 培養興趣

　　對一門課不感興趣、覺得無聊也是恍神的原因。每一門學科都有它的魅力，都有著龐大的知識背景和體系。在週末或假期，如果觀看學科相對應的紀錄片和電影，我們會發現這些看似枯燥的知識，都是人類智慧的結晶。

▌ 往前排坐

　　大學生或研究生的課堂上往往沒有固定的座位安排，請一定要往前排坐。這樣，我們看得和聽得更清楚，距離老師更近，不容易恍神。

課堂筆記怎麼做

> 提升課堂注意力的另一種方法，就是做筆記。
>
> 聽課時邊聽邊寫，有助於增強專注力。

但是，還記得第 1 章中提到的低效筆記嗎？如果用錯誤的方式做筆記，只會起到適得其反的效果！

▌課堂筆記「5 個不要」

- 不要照抄老師的板書和課程投影片。
- 不要試圖一字不落地寫下老師說的話。
- 不要用手機拍板書或課程投影片，因為下課後你根本不會看。寫下來，而不是拍照！
- 不要過分追求版式美觀；不要試圖在課上寫出完整的筆記。
- 最重要的一點是：不要只顧著做筆記，而忽略聽講。先聽懂，再做筆記。

先聽懂，再做筆記。（√）

不要忙著做筆記，忘了聽講。（×）

好了，現在開始，讓我們拋棄以上無用的方式，使用真正對自己有幫助的筆記方法吧！

課堂筆記寫什麼

- 在課程開始前，花 5 ～ 10 分鐘時間回顧上一節課的筆記。這項工作可以在前一天晚上完成，或者在當天一早完成。這可以幫助我們更好地衝接兩節課的知識，對課上即將講的內容做好預期。

- 要判斷課堂上哪些內容是重點，哪些內容無關緊要。然後快速記錄重點和要點，不要什麼都記；而且不要等老師提醒了這是重點才記，你需要自己思考這個知識是否重要。

- 遇到沒聽懂、沒跟上和不會的地方，做個標記繼續聽，不要停下。課後找時間弄明白。不要因為一個問題開始延伸思考，會讓我們跟不上老師講的內容。

- 記錄老師講到的例子，這在課後複習時有助於我們回憶對應的內容。

用筆記法保持專注

現在，我們已經學會了如何運用康乃爾筆記格式，以及如何在課堂上做筆記。我們對於如何做筆記越來越清晰了！

掌握了正確的做筆記步驟，可以讓我們時刻保持專注。

第 1 步，聽懂、讀懂

在上課或讀書時，先以聽懂、讀懂為前提。集中精力聽明白老師講的內容和讀到的內容才是最重要的。

第 2 步，記錄重點

在康乃爾筆記格式的右側筆記欄中寫下課堂上的板書、老師講的重點難點和列舉的例子，只記錄重點和要點。我們要做到以下幾點。

（1）快速記錄

- 在記錄時，我們要使用短小而精煉的句子，不要試圖寫出完整、語法完全正確的句子。做筆記是幫助我們記憶和加深理解，而不是把課本上的句子再抄一遍。比如原文為：

「根據記憶過程中內容保持的時間長短，可劃分為瞬間記憶、短期記憶和長期記憶。」

寫成短句就是：

「記憶─保持時間長度：瞬間、短期、長期。」

- 學會用縮寫、符號和小標題等，加快做筆記的速度。

（2）注意排版

- 確認學習重點之間的邏輯，做到條理清晰。我們可以使用數字編碼，如大標題用大寫數字「一、二、三」，小標題用阿拉伯數字「1.2.3.」，學習重點用「①②③」。
- 做課堂筆記要多留白。在每個學習重點後面都留一些空白行，以方便課後補充其他內容。段與段之間、不同的內容之間都要留白。寧願多留白，也不要少留。課後，再把每個段落需要補充的知識寫在留白處。
- 每一頁只記錄同一章節的內容，新的章節要另起一頁。
- 在第一行寫下章節、對應課本的頁碼和日期等，方便日後複習和查找。

（3）其他技巧

- 如果課後再用筆記本整理筆記，可以在課上先把筆記記在課本或講義上，等到課後再將本節課的筆記整理到本子上。

- 我們也可以使用擴張貼、便利貼臨時記錄相關知識，
  等下課了再將其整理到本子上。

圖 3-2 展示了記錄重點的筆記技巧。

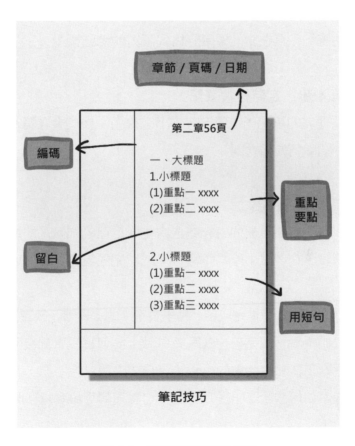

圖 3-2　記錄重點的筆記技巧

第 3 步，課後補充

在課程結束後或閱讀完成後，我們應回顧本章節內容，在筆記欄將筆記補充完整。

補充完筆記的主體內容後，我們可以用康乃爾筆記格式左側的線索欄，將筆記提煉成一個個問題。最後，將本頁內容進行歸納總結，寫在康乃爾筆記格式下方的總結欄中。

第 4 步，定時複習筆記

整理完的筆記一定要定時拿出來複習。我們會在第 5 章中詳細介紹如何複習功課。

第 5 步，輸出

我們只有將筆記的內容完全內化成自己的知識，才能順利完成測試、在考試中流暢作答、卓越地完成工作，進而取得好成績！

做完筆記，只是完成了「萬里長征」的第一步。做完筆記，如果我們不看、不完善，就等於白做！如何透過筆記複習、備考、應對工作和生活中的挑戰才是重中之重。接下來，我們將繼續探索如何透過筆記提升記憶、培養邏輯思維和增強時間管理能力等。

第 4 章

讓記憶力倍增

記憶天才是怎麼鍊成的

✎ 卡內基梅隆大學的記憶天才

安德斯・艾瑞克森 (Anders Ericsson) 是一位來自瑞典的心理學家，他曾進行過一項記憶實驗，這個實驗讓他見證了一位記憶天才的崛起。

實驗內容是心理學家會在每秒隨機念出一個數字，參與實驗的人（即受試者）需要連續記住這些數字。比如：

心理學家念出「3」，受試者需要記住「3」。
接著，心理學家念出「6」，
受試者需要記住「3」和「6」。
心理學家繼續說出新的亂數，
受試者需要試著記住所有已說過的數字。

以此類推。

正常情況下，一個記憶水準正常的人可以連續記住 7 ± 2 個數字，即 5 ～ 9 個。這種情況被一名來自卡內基梅隆大學的學生打破了。

　　剛開始，這名學生並沒有什麼特別之處，他像大多數人一樣能記住連續讀出的 7 個數字，比如「3—5—0—1—7—4—9」，再累加新的數字就會出錯。

　　但經過不斷的練習，他逐漸可以記住 40 個數字，這不僅超過了普通人的水準，甚至比那些專門研究記憶技巧的人，記住的還要多！

　　接下來，更不可思議的事情發生了。隨著心理學家和這名學生的不斷練習，學生逐漸能夠記住 82 個數字！完全成了一位「記憶天才」。

🖋 世界記憶冠軍

　　如果想找到更多的記憶天才，沒有什麼地方比世界記憶力錦標賽更合適的了。這是全球最高級別的腦力大賽，聚集了各國的記憶高手，他們經過激烈的角逐，在此一決高下。

　　來自中國的吳天勝在 2007 年奪得總冠軍，成了知名的「世界記憶大師」。他還在隨後參加的一檔腦力綜藝節目中，憑藉高超的記憶力成功挑戰了指紋識人。

　　那麼，這名大學生是透過什麼方法，從剛開始只能夠記住 7 個數字，到可以連續記住 82 個數字的呢？吳天勝又是透過什麼秘訣鏖戰群雄，成為世界記憶冠軍的呢？

█ 記憶高手的秘密

接下來，我們也嘗試做一組記憶測試。

請你花 5 秒鐘，試著記住下面這 11 個無規律數字：

1—3—0—1—9—8—7—1—2—0—6

好的，現在請你蓋住上面的數字。

請問你能記得幾個？

前文提到，大部分人能記住 5 ～ 9 個數字。

這就是短期記憶。

> **短期記憶**
>
> 　短期記憶是指我們看過一些資訊後，能記住的內容十分有限。一般只能記住 7±2 個記憶單位。並且記憶持續的時間也非常短，往往不超過一分鐘，過一下子就想不起來了。

現在，我們來做另一個測試。

請你回想一下你的身分證號碼。

為什麼身分證號碼明明有 10 位，我們卻能準確無誤地記

住，而且不會忘記呢？

答案就是長期記憶。長期記憶是記憶中的「王牌選手」。能記住 82 個數字的大學生、記憶冠軍吳天勝都依靠長期記憶實現「過目不忘」。

長期記憶

長期記憶是指能記住一分鐘以上內容的記憶。當我們對資訊進行加工後，能將其記住很長時間，可以是幾個月、幾年，甚至終生。而且，長期記憶的容量是無限的。

例如，小時候我們印象深刻的一次出行、一張面孔，老師在課堂上講解的一個知識，我們可以記住一輩子。

短期記憶和長期記憶在資訊容量上區別巨大。在保存時間長度上，短期記憶像一張便利貼一樣用完就會被扔掉，而長期記憶則像保存在硬碟裡的內容被長久儲存在大腦中，隨時可以被調取，如圖 4-1 所示。

	短期記憶	長期記憶
容量	7±2個	無限
時長	小於1分鐘	幾個月、幾年、永久
保存	像便利貼用完就扔	像硬碟長久儲存

圖 4-1　短期記憶和長期記憶

▌長期記憶造就高手

「天才」、「高手」和「學霸」這些佼佼者之所以與普通人有區別，正是因為他們在長期記憶中儲存了大量的相關知識，從而做到了考試得高分、表現卓越。

腦力冠軍因為運用了長期記憶，所以能比常人多記住幾倍甚至幾十倍的內容。

為什麼很多學生明明背過課本上的知識，但是一到考場上就忘了？

因為沒有把知識完全存在長期記憶中，所以要麼想不起來，要麼想起來也是隻言片語。

我們只有將知識從短期記憶轉化為長期記憶，才能讓這個

知識永久儲存在大腦中，在需要的時候隨時調取，達到做練習題一看就會，考試一考就對。

那麼，如何把知識儲存到長期記憶中呢？

過目不忘的秘訣一：記憶組塊

　　還記得我們剛剛做的第一個測試嗎？要記住以下這串無規律的數字：

　　1—3—0—1—9—8—7—1—2—0—6

　　大部分人拿到這一組數字時會不斷地在心裡默念，這種方法是很難記住的！但是，只需換一種形式，你就能輕鬆記住。

把這 11 個數字打包成幾個集合，如下所示：

130 ｜ 1987 ｜ 12 ｜ 06

這樣，11 個數字就被分成了 4 個小組。

然後，我們對每一組數字進行聯想。

130—可以聯想到弟弟的身高，

1987—是某個親戚的出生年份，

12—正好是最後一組數字 06 的兩倍大。

↓

因此，當我們再回憶這串數字時，可以聯想到：
弟弟的身高｜親戚的出生年份｜ 12 ｜ 12 的一半。

現在，請你再次回憶這 11 個數字，是不是很容易就能記住了？

▌記憶技巧 1：組塊

首先，我們來聊聊記憶技巧之一：組塊（chunking）。這是由美國心理學家喬治・米勒（George Miller）提出的理論。組塊是指對資訊進行加工處理，將一個個零散的資訊打包成有意義的集合，從而幫助人們加深理解、提升記憶和有效輸出。

組塊可以是任何形式，比如：在閱讀一篇文章時，透過理解其內容，將全文總結為 5 個要點，每個要點就是一個組塊；或者，將剛才記憶的一串數字拆分為 130—1987—12—06，即分成了 4 個組塊。

組塊是一個把資訊從短期記憶轉化為長期記憶的技巧。本章一開始提到的卡內基梅隆大學的學生，他就是透過組塊的技巧，讓自己從記住 7 個數字一直到記住 82 個數字。比如，當他聽到 9、0、7 這 3 個數字時，他會在心裡聯想到 9 分 07 秒。

這樣，他就把亂數字轉化為一個他熟知的時間長度資訊。透過
將 3 個數字打包成了 1 個組塊，這樣的心理構建幫助他把短期
記憶進階成了長期記憶。

　　圖 4-2 展示了組塊對資訊進行加工的過程。

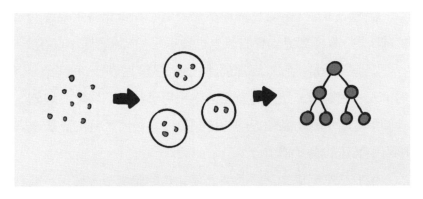

圖 4-2　組塊對資訊進行加工的過程

　　當然，這名大學生並非一開始就知道這種方法。在測試
中，他經過了大量的練習和不斷的改進才取得了這樣的成果。

過目不忘的秘訣二：賦予意義

　　記憶冠軍吳天勝曾透露他透過將數字和資訊轉化成圖形來加強記憶。許多記憶比賽的冠軍也會採用「記憶宮殿」的方法。

　　記憶宮殿是指在腦海裡構建一個虛擬的空間，可以是一座房子或一個場所，然後逐漸完善這座房子和這個場地的地圖，地圖中有固定的物品和不同的房間等，之後將聽到的亂數字與腦海中構建的場景相結合。

　　由於這座記憶的宮殿已經儲存在長期記憶中，透過將聽到的資訊與其建立關聯性，隨機出現的數字就被安放在地圖上固定的位置，並被儲存在長期記憶中。因此，要回憶出隨機出現的數字，只需要調取長期記憶中對應的物品即可。

　　你可能會對記憶宮殿的方法有抵觸心理。難道以後每準備一個考試，我們都需要在大腦中建一座宮殿？

　　不用擔心，我們需要做的是透過尋找資訊的規律和邏輯關係，為資訊建立規則並賦予其意義，從而讓它們更容易被大腦記住。

> 讓我們再來做一個測試，請試著記住以下 5 組數字，
> 並背誦出來。
>
> 1964，1968，1972，1976，1980

要熟記這些數字是不是有些費力？你需要不斷地重複和默背，但也不一定記得住。

如果告訴你，這是連續五屆奧運會的舉辦年份，每一屆之間相隔了 4 年。那你只需要在背誦時記住起始年份和每個年份間隔的時間，就能輕鬆記住這些數字了。

▎記憶技巧 2：有意義才記得住

因此，當你真正理解資訊時，記住就會變得更容易。**死記硬背只能讓資訊短暫停留在短期記憶中，而只有理解了才會儲存在長期記憶中。**

在複習和背誦時也是同一個道理。將大段的文字拆分成文本組塊，然後理解每個組塊的內容意義和邏輯關係，這樣更便於記憶。

這也是為什麼在做筆記時，我們需要將資訊內化成自己的語言之後，再整理到本子上。這是一個引導自己理解的過程。

相反，抄板書和抄課本達不到促進理解的效果，唯一的好

處就是練字了。

　　上述記憶技巧能透過科學有效的筆記方法實現，我們也可以做到過目不忘。

　　讓我們一起透過筆記挖掘記憶的無限潛力吧！

用筆記釋放大腦空間

　　無論記憶天才還是科學家、畫家、億萬富翁，和我們一樣都會遇到遺忘或想不起來的情況。然而，他們了解記憶的原理，並透過各種技巧進行練習，大幅度提升了記憶力。

　　做筆記就是一個提升記憶力的絕佳方式。透過正確運用筆記技巧，我們可以讓大腦記住更多的東西，就像達文西和愛迪生一樣，把知識和思考的內容記下來，使筆記本變成我們的知識庫和第二大腦，就能做到真正的過目不忘和高效學習。

▍用筆記解放大腦

　　首先，我們知道記憶是不可靠的，而且大腦的注意力有限。我們每天要接收無數的資訊，有太多的正事和瑣事需要我們去處理。例如，我們不僅要記住課堂內容，還要記得月底的考試計畫、安排生活的雜事及朋友的生日，等等。如果我們試圖完全依賴大腦記住所有事情，只會給大腦帶來沉重的負擔。不但費力，還記不住。

　　因此，在學習過程中，如果不透過一些方法和技巧，完全依賴大腦記住一切，那是學不好的。相反，我們應該解放大

腦，透過學習方法和筆記技巧釋放更多的大腦空間，幫我們實現學習和工作目標。做筆記就可以減輕大腦負擔，降低記憶的壓力。

▌筆記擴充知識庫

第 1 章中提到，**做筆記的一個重要作用就是促進記憶**。做筆記的當下，是在將資訊從短期記憶轉化為長期記憶。就像今天早晨你遇到了一位同學，如果當時沒有記錄任何資訊，到了晚上你可能就記不得他當時的穿著和攜帶的物品。但是，如果你當時快速地為他畫一幅肖像，你就透過畫筆記錄了這位同學的穿著、髮型等。無論過了多久，每當你看到這幅畫時都能回憶出當時的場景。

做筆記的過程，就是透過書寫這一動作在大腦中加工資訊，將知識內化成我們熟悉且能夠理解的內容。**長期記憶就像一個巨大的知識庫，我們把知識儲存在裡面，並在需要的時候提取出來**。在做筆記時，我們是在進一步地思考和分析資訊，相當於把一個「陌生人」變成一位「熟人」，將其融入我們知識庫的大家庭，並與已有的其他知識建立關聯性。因此，下次再遇到這個知識，我們就認識它了！

▌筆記幫助理解

大腦傾向於記住我們認為有意義的內容。理解是記住的前提，比如對於多年前班裡的同學，我們可能只記得和我們關係好的人的名字，其他人的名字早就忘記了。因此，只有對我們重要的資訊，我們才記得住。

世界上從來不存在所謂的「笨學生」或「聰明學生」，只是看誰找到了更科學、高效的學習方法。而這些技巧將幫我們釋放身體裡的能量，我們會發現學習從來都不是一件難事。

提升記憶力的筆記方法

　　接下來的 4 個筆記方法，可以幫助我們在複習和閱讀時梳理文章的脈絡，賦予資訊意義，並促進理解和深入思考。

　　為了更好地記住這 4 種方法，我們借鑒了大偵探福爾摩斯在破案時用到的推理想法，來解決背誦時記不住的問題！這 4 種方法分別如下：

　　（1）還原來龍去脈；

　　（2）找到內部關聯性；

　　（3）找到關鍵線索；

　　（4）反覆回顧。

▋ 提升記憶力的筆記方法一：還原來龍去脈

　　美國有一家著名的工程公司布勞恩（Braun），專門設計石油和化學加工設備。這家公司的老闆卡爾・F・布勞恩（Carl F. Braun）總能使公司高效運轉。他遵循了著名的「5W 原

則」，即在溝通工作時必須說明以下問題：誰（Who），何時
（When），何地（Where），因為什麼原因（Why），做了什
麼（What）。

這個原則有多重要呢？如果員工在工作中不按照以上原則
進行溝通，就會面臨被解雇的風險。因為只有明白主管讓我們
做這件事的原因、涉及的具體時間、地點和人物等因素，我們
才能更好地理解這個指令和目的，從而更好地完成這件事，否
則就很容易犯錯，久而久之就可能被解雇。

在這個理論的基礎上，人們總結出了「5W1H 分析法」。

Who（誰）	涉及的人物是誰？
When（何時）	這件事是什麼時候發生的？
Where（何地）	這件事是在哪裡發生的？
What（做了什麼）	人物做了什麼？發生了什麼事情？
Why（因為什麼原因）	為什麼要做這件事？
How（如何做到的）	採用什麼方式完成了這件事？使用了什麼方法？

透過「5W1H 分析法」來做筆記，我們能更好地加工和理
解文章的內容。

　　比如在圖 4-3 中，當我們面對一大段文字內容時，就可以採用這種方法梳理邏輯。經過整理後，是不是更加清晰了？當我們回憶時，從這 6 個方面入手，就不會漏掉任何重要內容了。

課本原文	「北宋初年，為加強中央集權，宋太祖把主要將領的兵權收歸中央，又抽調各地精兵強將，充實中央禁軍。行政上，由中央派文官擔任地方長官，同時設通判負責監督。財政上，地方賦稅一小部分作為地方開支，其餘全部由中央掌控。這些措施的實行，改變了唐末五代以來藩鎮割據的局面，加強了中央集權。」
	↓
5W1H法 整理成筆記	-誰：宋太祖 -何時：北宋初年 -做了什麼：兵收中央，調精兵強將，充中央 -因為什麼原因：加強中央集權 -如何做到的：行政上是什麼 　　　　　　　財政上是什麼

圖 4-3　用 5W1H 分析法整理筆記

▌提升記憶力的筆記方法二：找到內部關聯性

　　無論複習課本、閱讀課外讀物，還是背誦演講稿，只有找出其中的規律和內在的邏輯，理解透徹了才能記得更牢固。

　　在整理一段文字的筆記時，我們可以使用康乃爾筆記格式的筆記欄。

　　首先，將這段話劃分為 2 ～ 3 個主要內容，用數字進行編號，使每個小內容條理清晰地呈現出來。

　　其次，用簡練的語言概括出每個要點的內容。這樣，每個子內容都是一個組塊，就更容易被理解和記憶，如圖4-4所示。

　　在整理一個章節時，也是同理。

　　透過理解和歸納總結，將課本中一個章節的內容劃分成 3 ～ 5 個主要內容，每一個內容就是一個組塊。分組塊地進行記錄，能夠幫助我們主動思考和加深記憶。

　　最後，使用康乃爾筆記格式的總結欄歸納總結。

　　將一頁的內容歸納整理成幾句話，雖然這一步具有挑戰性，但是當我們能夠用自己的話複述出來時，才是真正理解了，我們才會發現背誦其實很簡單。正是這一路上不斷面對挑戰和克服困難，才會讓最後的勝利果實嘗起來更甜美。

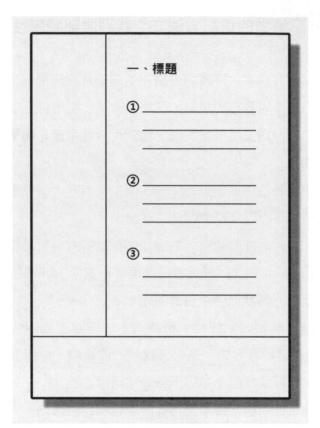

圖 4-4　概括要點內容

▌提升記憶力的筆記方法三：找到關鍵線索

我們在複習時，背誦一段話或整理一段筆記後，要畫下這部分內容中的幾個關鍵字。

就像你在聽一首歌時，可能想不起歌名，但只要提醒你歌

名的前幾個字，你就可以立刻回想起來。所以你並沒有遺忘，只是這個資訊被埋藏在大腦深處，不容易被提取出來。

因此，為知識和資訊建立「線索詞」非常重要。線索詞可以是這一段話中最關鍵的資訊或最核心的內容，可以是一個概念名稱、一個地名或一個人名。總之，當我們在大腦中搜索資訊時，只要檢索到這些「線索」、「關鍵字」，就可以幫助我們跳轉到對應的資訊。例如，背誦時，一段文字有 5 部分內容，背完後重點記憶這幾部分內容對應的 5 個關鍵字。到了考場上，我們只要回憶起這些關鍵字，就能讀取相應的知識。

在康乃爾筆記中的關鍵線索：
- 我們在康乃爾筆記的筆記欄中整理完內容後，應重點圈出或畫出幾個關鍵字，以備考前快速回顧；
- 另外，線索欄裡的內容也是很好的線索詞。回憶時，從這些問題著手，我們就能一步一步聯想到該頁筆記對應了哪些內容。

透過上述幾種方法，我們可以從整體到細節，再從細節到整體地分析資訊。

▋ 提升記憶力的筆記方法四：反覆回顧

　　著名投資人查理・蒙格曾說：「重複是教導的核心。」

　　遺忘是人之常情，提升記憶力的另一個重點就是重複。

　　整理完的筆記要不斷回顧、不斷複習。我們都知道在背誦知識時要多背幾遍。但實際上，什麼時候複習也大有學問。

　　在下一章中，我們將學習如何高效地進行複習。

第 5 章

高效複習

找對方法，才能學得好

▋ 練習時間長度的重要性

在《刻意練習》一書中，作者提到在某一領域中造成傑出的人和普通人差別的原因在於練習的時間長度。那些在某個領域中脫穎而出的人，都是在這個行業中不斷練習和學習並花費最多時間的人。

我們可以用這個理論解釋為什麼有些人成績總是遙遙領先，大部分的學霸都在學習和複習上面花了更多的時間。在我上中學時，學校裡就有這樣一個學霸，無論期中考試，還是期末考試，每次都毫無懸念地成為全年級第一名，簡直就是「神童」。

後來，我們慢慢了解到，每個學期開始前的假期，他都會提前自學新學期的課程。所以，每當到了新學期，別人還在懵懵懂懂地聽第一遍時，對這位學霸來說，已經是第二遍，甚至是第三遍的學習了。

有趣的是，有一個暑假，這位學霸沒有預習功課，到了下個學期，他就不再是全年級第一名了！

所以，當別人把書複習了三遍甚至五遍時，你只看了一

遍，還是磕磕絆絆地看完的，就不要問為什麼別人比你成績高、表現得更優異了。

雖然需要時間，但你不用按照別人的時鐘為自己掐表計時。每個人都有自己的時區，都有自己的節奏。慢慢來，不用著急，光明的未來就在前方等著你。

找對方法

《刻意練習》一書中提出，除了練習的時間長度起著關鍵作用，找對方法也同樣重要。如果你一直用不科學、低效的學習方法，那花了多少時間都沒用！

所以，方法不對，練得再久，也只是機械重複。找對了方法，再加上不斷練習，你一定可以成為你想要的樣子。

如何才知道自己是否用對了方法？其實很簡單，找到一種學習方法，持續使用一段時間，如果成績和表現都沒有什麼變化，那就要立刻調整學習方法，不要困在同一種方法裡。就像看電視換台一樣，看到不喜歡的，就立刻換一個頻道看看，直到發現你想看的節目。

發現方向不對後，要立刻掉轉船頭，不然你只會浪費越來越多的時間。觀察身邊的學霸和優秀的人在用什麼樣的方法，或者模仿網路上分享的科學、高效的學習方法。然後繼續觀察自己的表現，如果對你有效，就繼續使用，如果收效甚微，就

放棄，直到找到適合你的方法。

　　明白了嗎？不是你學不好，也許是沒找對方法。

學習金字塔

> 決策就是一切。
>
> ——納瓦爾

　　當你決定採用什麼方法學習和工作時，很大程度上將影響你的最終成果。投入大量時間去做是必要的，但前提是你選對了方向。

　　因此，你要謹慎選擇你將要運用的方法，否則你就會像老黃牛拉車一樣，只知道低頭拉車，不知道抬頭看路，直到走到終點才發現走錯了。

▌學習金字塔

　　實驗表明，不同的學習方法帶來的結果大相徑庭！圖 5-1 展示了由美國教育專家艾德格・戴爾（Edgar Dale）提出的「學習金字塔」。

　　戴爾將 7 種不同的學習方法羅列成了金字塔的形狀，說明了學生在分別採用了這 7 種學習方法後，兩週後還能記得多少所學知識。

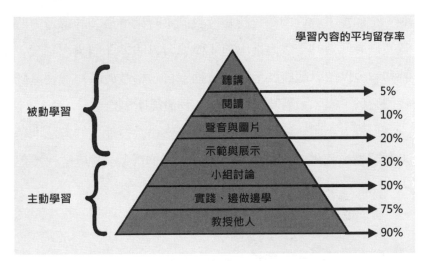

圖 5-1　學習金字塔

　　金字塔裡的 7 種方法，自上往下，學習效果逐漸增強。

　　位於金字塔尖的第一種方法是聽講，兩週後學生僅能記住
5% 的知識。

　　第二種方法是閱讀，可以保留 10% 的知識。

　　第三種方法是聲音與圖片，即同時聽和看，可保留 20%
的知識。

　　第四種方法是示範與展示，可保留 30% 的知識。

　　第五種方法是小組討論，可保留 50% 的知識。

　　第六種方法是透過實踐、邊做邊學，可保留 75% 的知識。

　　第七種方法是教授他人，可保留 90% 的知識。

　　這顛覆了我們的傳統認知，我們平時用得最多的學習方法竟然是最低效的！戴爾指出前 4 種學習方法，即聽講、閱讀、聽和看，以及示範與展示都是被動學習，相當於將知識硬塞到我們的腦子裡，隨著時間的推移，到最後所剩無幾。

　　但是，小組討論，實踐、邊做邊學和教授他人的方法則是主動學習，這些方法能保留 50% 以上的知識。尤其是教授他人，竟然可以讓知識的留存率達到 90%！

費曼學習法

　　理查‧費曼（Richard Feynman）是一位著名的物理學家，曾獲得諾貝爾物理學獎。他獨特的學習方法被廣為稱頌，被人們稱為費曼學習法。很多知名的學者、作家和成功人士都是費曼學習法的擁護者。他的學習方法就是「學習金字塔」中最高效的那一種方法——教授他人。

　　費曼學習法的核心是「以教促學」。如果讓你把學到的知識講給一個完全沒聽過的人，你會怎麼講？

費曼學習法 4 個步驟

第一步，確定學習目標。

在紙上寫下要學習的內容和概念，然後自己組織語言去理解這個知識，並對必要的內容進行補充。

第二步，教授他人。

不看剛才寫好的內容，把自己當作老師，想像對面坐的就是你的學生，你要給他講解你的知識。你該怎麼講？

這一步是費曼學習法的核心。當你在講解時，想像一下

你的學生是 8 歲的孩子和 80 歲的老人。如果你講得過於複雜，他們會聽不懂；如果你講得太枯燥，他們可能會失去興趣。要避免用一個專業術語去解釋另一個專業術語。

當你開口講時，如果發現哪裡講不清楚了，這就是你沒有真正理解的地方。

第三步，複習。

在剛才教學的過程中，如果有講不清楚的或者不理解的地方，就要再回到知識本身，繼續學習。每次講解後，如果遇到不會的地方，就要再次學習，重複循環。

很多時候，你錯誤地以為自己學會了，但當真正需要講出來時，你會發現遺漏的部分，而這些部分恰巧是你需要彌補的地方。

第四步，簡化。

最後，用更簡練的語言描述這個知識，不使用專業術語，不用複雜的理論，簡化，再簡化。

經過這一系列的操作，這個知識就牢牢地刻在你的腦海中了。

學好數學如此簡單

　　數學讓很多人聞風喪膽，甚至有人為了不學數學而放棄某些大學科系！

　　然而，一旦我們明白了數學的底層邏輯，我們就會發現數學其實很簡單。而且，學好數學不僅能培養我們的邏輯思考能力和分析能力，還能讓我們收穫成就感，何樂而不為呢！

▌ 數學的邏輯

　　數學這門學科具有嚴密的邏輯性，可證真偽，非常嚴謹，這是它的與眾不同之處，沒有模棱兩可的答案。

　　什麼叫作可證真偽？在數學中，一個說法要麼是對的，要麼是錯的，一個問題要麼能解出來，要麼解不出來。數學可以透過科學方式證明其對錯，這就是可證真偽。

　　解決數學問題的方法就是一步一步地推導，一步一步地得出結果，這個思維非常重要。

　　培養數學思維是解決問題的基礎。擁有了數學思維的人，在面對任務和問題時，不再東一塊西一塊，無從下手，而是變得具體明確，思考「具體的下一步」該怎麼做。

　　為了學好數學，我們可以採用費曼學習法，核心是：先自己理清楚，再給別人講明白。

▌ 學好數學的 4 個技巧

　　（1）要學好數學的定理、公式和概念。

　　這些都是基礎知識，我們在上課時要認真聽講，跟上老師講解的節奏。仔細聽老師的解題想法，注意老師提到的重點和難點。遇到聽不懂的地方就做個標記，下課後及時弄清楚。

　　要避免上課只顧著抄筆記。對於數學這門課來說，理解比抄下來更重要。上課抄一些老師講的重點做輔助即可，切記不要沉迷於整理筆記。

　　（2）要培養獨立運用理論的能力。

　　知道什麼題用什麼知識很關鍵，很多人敗在了這一步，這一步才是在檢驗你有沒有真的學會。在這個階段，就可以採用費曼學習法。當你在講解某個數學問題時，如果哪裡說不清楚了，就表示對於這部分內容你沒有完全理解，如果你能講到讓別人聽得懂，就表示你是真的懂了。

　　（3）要多做練習題。

　　一定要多做練習題並且在考完試後整理錯題。每學完一部分知識，你就應當馬上做對應的練習題；每次考完試後，也要及時整理錯題。切忌直接去寫綜合題，那樣沒有意義。

　　前面提到，數學的解題想法是一步一步得出結論。對照答案時，看你是在哪一步卡住的，然後好好複習這一步對應的定理和公式。如果從讀題就不會做了，那表示第二步的使用能力有所欠缺了，還沒有掌握應用技巧。這一步，你依然可以採用費曼學習法，對著一道數學題，講解你是如何一步步作答的，每一步為什麼這麼做，使用了哪些原理。

　　（4）要熟練。

　　要做到看到題幹就知道考什麼，答題時知道哪裡是得分點，哪裡是陷阱。這就需要你反覆練習做過的題和考過的試卷，徹底搞明白，不要盲目追求做新題目，如果不是經典題目，做了也沒太大幫助。

▌老師的重要性

　　對數學學習而言，優秀的老師尤為重要。真正出色的老師能透過課堂的講解和引導，讓學生花更少的時間，學得更好。

　　《心靈雞湯》一書的作者傑克・坎菲爾 (Jack Canfield) 就提到，老師在他完成作品的過程中非常重要。

　　優秀的老師具備以下幾個特點：

①幫助學生打好基礎。

②懂得如何進行指導。講解同一道題目，優秀的老師講得更清晰、明確，能預測學生可能犯錯的地方，並提前做出預判。另外，優秀的老師還能識別出學生不正確的解題想法。

③根據學生情況及時提出回饋意見，幫助改進。

④讓學生更好地運用知識，幫助學生掌握並建立良好的學習習慣。

▋ 數學考試技巧

- 合理分配考試中選擇題、非選擇題的作答時間，要為後面的大題和最後的檢查留出充足的時間。

- 考試時，遇到不會的題不要繼續磨耗，先跳過去做其他題目，有時間再回來做。

- 遇到不會的題目也不要空著，只要有寫就有機會。

- 閱讀題目時，要一邊讀一邊畫出重點資訊，防止遺漏。

- 一定要留出檢查的時間。檢查時，有的題不用重新做，把答案套進去檢查會更快，或者換一種方法檢驗。

- 用計算紙的時候，可以從中間將一頁紙一分為二，或者一分為四。這樣做有助於我們整齊書寫，檢查的時候能夠看得很清晰，節約時間。讓我們不會因為寫得太亂而失分。

SQ3R 筆記複習法

　　恭喜你！現在，你不僅學會了世界公認的科學筆記方法，還對記憶天才背後的秘密瞭若指掌。這為我們後面的高效學習、工作並取得卓越成就打下了堅實的基礎。

　　接下來，我們要了解如何回顧筆記，以及如何利用筆記複習，這樣才能發揮筆記的真正作用！

　　以下的方法也許與你之前用的方法大有不同，也許你在初次嘗試時會遇到一些挑戰。但是，你和你的目標之間只有一個詞的距離，那就是行動。

你→行動→你的目標

　　只要你勇於嘗試，敢於改變，願意跳出舒適區，你就將一步步走向更光明的未來。人生的道路會越來越廣闊。

▌SQ3R 學習法

　　SQ3R 學習法是由美國大學教授羅賓遜（F. P. Robinson）提出的，它可以幫助我們高效閱讀，這套學習方法可以分為 5

個步驟，如圖 5-2 所示。

- **瀏覽（Survey）**：拿到一本書後快速瀏覽目錄、摘要、小標題等。這一步的目的是對整本書有一個大致了解，清楚全書的邏輯框架，有助於我們對接下來要看到的內容有所預期。這一步通常在 5 分鐘內完成。

- **提問（Question）**：在閱讀每章和每個小標題時，先對自己發問，主動思考這一章會講哪些內容。自問自答有助於我們主動思考每個部分的核心觀點和中心思想。這一步通常在 1 分鐘內完成。

- **閱讀（Read）**：開始閱讀，詳細閱讀每個部分的內容、圖表、例子等，帶著剛才確認的邏輯框架和問題將內容逐漸填充進去。

- **背誦（Recite）**：看完一部分內容，試著用自己的話複述出來，做到簡潔明瞭。如果遇到卡住的地方，表示我們並沒有完全理解，要再返回對應的內容進行反覆學習。

- **複習（Review）**：溫故而知新，我們可以在當天結束時或第二天進行鞏固複習。

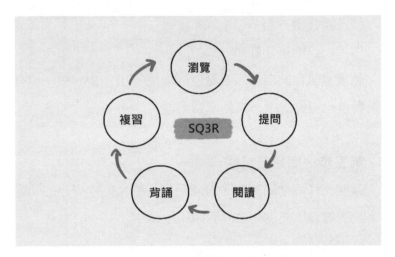

圖 5-2　SQ3R 學習法的 5 個步驟

▌用 SQ3R 複習康乃爾筆記

在複習康乃爾筆記時，我們可以採用 SQ3R 學習法的 5 個步驟。

第一步，瀏覽線索欄＋總結欄

用一張紙蓋住右側筆記欄的內容，快速瀏覽筆記左側的線索欄和下方的總結欄，了解這一頁筆記的內容和大致框架。

第二步，試著提出問題

例如，這部分會講什麼？

涉及哪幾個方面？

作者的目的是什麼？

然後嘗試自問自答，看看自己能回答出多少。這一步有助於激發自己主動思考，調動學習興趣。

第三步，閱讀筆記欄

深度、仔細地閱讀右側的筆記欄，結合剛才提出的問題，將筆記的內容填充到剛才的問題和框架中。

第四步，背誦

再次用白紙蓋住右側筆記欄的內容，開始背誦。看著左側線索欄中的問題逐個進行回答。回答時用自己的話複述出來，你能否回憶出剛才閱讀的內容？可以在白紙上寫下要點和想法。

然後下拉白紙，對照筆記的內容，檢查自己的回答是否正確和全面。

對於想不起來的地方或理解不透徹的部分，我們要再次對筆記欄的內容進行學習，然後反覆背誦，直至完全記住。

第五步，定期複習筆記的內容

我們要經常且定期地複習筆記的內容，溫故而知新。

讓效率翻倍的複習方法

透過高效學習方法，結合筆記技巧，可以讓複習效率翻倍！

▌邊看邊寫

在複習課本和筆記時，我們要邊學邊寫。做到手、眼、腦並用，可以像上述的 SQ3R 學習法一樣，每看完一段內容後，就用一張白紙蓋住，然後試著寫下要點。這樣就能檢測自己是否真的記住了。

筆記技巧 1：濃縮版的課本

做筆記的目的之一就是在考試前不需要再翻課本，只需要閱讀筆記即可複習。因此，我們的筆記本應該是課本的濃縮版本，不僅含有課本、講義、課堂上的主要內容，還包含重點、考點，是知識的精華匯總。

在複習時，我們一定不想看到一本亂糟糟、找不到重點的筆記。所以，我們在整理筆記時，要假設自己在為未來的自己整理一本一眼就能看明白的精華手冊。

▌輸入方式十分重要

我們在處理大部分資訊時，都遵循了圖 5-3 所示的原則。

圖 5-3　處理資訊的原則

在課上聽講或閱讀都是在輸入，我們透過不同的輸入方式對資訊進行加工，從而理解和記住資訊。然後，我們可以根據需要運用這些知識，這就是輸出。例如，答題、參加考試或向別人講解。

認知科學家可約可夫婦發現了一個顛覆以往觀念的現象：**輸入的難易程度與輸出的結果呈負相關。**

也就是說，如果你用簡單的方式輸入這個知識，等你需要提取它時就會很困難。相反，輸入知識的方式比較困難時，等需要提取時就會更容易。

因此，你輸入知識的方式非常重要！

例如，在課堂上機械地照抄老師的板書，你以為這樣省時省力。但抄這個動作太過簡單了，大腦並沒有思考。如果課後問你老師講的內容，你有很高的機率不記得。這是因為輸入的方式太簡單了，當需要回憶時，提取資訊就變得很困難。

相反，如果你在輸入知識時用看似費力的方法，那麼提取時就會很容易。比如，在課堂上跟著老師的進度，聽明白後，在晚自習整理和補充課堂筆記，這時你需要根據回憶及課本上的知識將筆記補充完整。聽起來這種方法有些困難，但當考試時，你就能更容易回憶起對應的學習重點。

考試的題目不會像課本上的知識一樣按照順序一一出現，也不會直接告訴你想考查的是什麼。考試是將不同的學習重點揉在一起，變著花樣地考查你是否真的理解了，有些選項還會涉及偷換概念、障眼法等，如果沒有完全理解透徹，你就很容易掉進陷阱。

筆記技巧 2：以結果為導向

康乃爾筆記法的總結欄就是一種很好的輸入方式，在複習中發揮著至關重要的作用。總結欄提煉了一頁筆記的核心內容。日常進行總結這一過程就是在培養我們的邏輯思

考、歸納總結的能力。

如果每天學習完，我們都能花幾分鐘總結一下今天學的內容，等到了考場上，我們會發現答題越來越得心應手，解題想法會越來越清晰。過不了多久，我們會發現在考試時遇到什麼題目都不怕了。

▍主動學習，鍛鍊大腦

《富爸爸，窮爸爸》一書中提到：「你的大腦是世界上最強大的電腦。」

找到正確的運作方式，我們可以讓大腦發揮無限的潛力。

學的東西越多，大腦就會越靈活，等到再學新的東西時，就會學得更快，逐漸形成一個良性循環。

相反，長久的被動思考，甚至不思考，會讓我們的大腦處於「休眠」的狀態。就像一台電腦，太久不用了，連開機都需要花很長時間！

做筆記可以幫助我們主動思考。記錄的過程就是我們在大腦中對知識進行加工和處理，將書上別人的話內化成自己的話，這是對大腦的一種鍛鍊，如圖 5-4 所示。

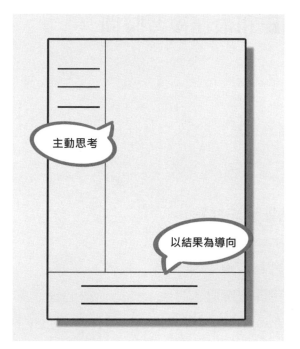

圖 5-4 做筆記有益於思考

筆記技巧 3：總結核心句

　　在整理筆記時，我們要善於總結每一段、每一部分內容的核心句。這些句子往往在原文中每一段的開頭或結尾。

　　在整理康乃爾筆記的線索欄時，我們要把自己想像成出題老師，如果要用右邊筆記裡的理論和學習重點出一道題目，這個題目會是什麼？

遺忘曲線和最佳複習時間

　　我們都會遺忘，這是人之常情，但你知道遺忘也遵循了一種規律嗎？

▌ 艾賓浩斯遺忘曲線

　　在探討為什麼會遺忘時，我們有必要了解一下大名鼎鼎的「艾賓浩斯遺忘曲線」。德國的心理學家艾賓浩斯（Ebbinghaus）發現，在我們的記憶中，遺忘是按照一定規律發生的，並不是勻速遺忘。剛開始時，忘得最快，隨著時間的推移，遺忘速度逐漸變慢。

　　如圖 5-5 所示，剛剛學習的知識過了 20 分鐘，我們還記得約58%。再過 1 小時後，這個知識只剩下 44% 了。也就是說，只是過了一會兒，我們就忘記了將近一大半的內容！

　　我們的遺忘速度是先快後慢，剛開始最容易忘記，隨著時間變化，速度逐漸放緩。過了一天后，我們還能記得約 1/3 的內容，一週後，對這個知識的記憶還剩下 1/4 左右。所以，如果我們對學習過的內容不再複習，遺忘就是必然發生的。

圖 5-5　艾賓浩斯遺忘曲線

▌複習的最佳時機

網路上有許多針對「艾賓浩斯遺忘曲線」的學習計畫表，指導人們在學習完成的第幾天要開始複習什麼內容。如果你覺得過於複雜，不好操作，不妨試試以下幾個複習的好時機。

- 一堂課剛結束的時候。
- 一天結束的時候。
- 一個章節結束的時候。
- 一週結束的時候。

一堂課剛結束的時候

剛上完一堂課，我們的大腦裡還保留著課堂上鮮活的記憶，千萬別錯過這個複習的大好時機。花幾分鐘快速瀏覽剛才課堂上的內容，這就對抗了 20 分鐘我們會忘掉一小半內容的遺忘規律。趁著這個時間，我們可以把筆記補充完整。

一天結束的時候

每天晚上睡覺前，花一點時間把今天學過的內容快速複習一遍。

我們會發現，自己對這些知識又有了更深刻的理解，這也有助於第二天的學習。

一個章節結束的時候

每當學習完一個章節，我們就要把這一個章節的內容複習一遍。我們會發現不同內容之間的關聯，從而形成知識框架。

一週結束的時候

結束了一週的學習，別忘了找個時間把本週學的內容複習一遍。這同時是一個繼續完善筆記的好機會。

▋ 突擊式筆記和「小步快跑」式筆記

突擊式筆記

如果我們在做了筆記後不看，只在考試前才臨時抱佛腳，這樣就很難發揮筆記的作用。而且，時間過了這麼久，筆記上的內容已經基本被忘光了，相當於我們從頭學一遍，又要花費大量時間記憶。平時偷的懶，總要找個時間一一償還。

「小步快跑」式筆記

有一種方法看似有點累，卻是省時省力的。就是在每天下課後花 15 分鐘快速回顧筆記，然後在每週結束後再花 15 分鐘

瀏覽一下這一週的筆記內容。這種方法可以讓我們一直持續複習和鞏固知識，讓對知識的記憶從短期記憶逐步轉變為長期記憶，深深地紮根在腦海中。

因此，不要等過了很久才找一個時間集中「後補」筆記，而是要每天花 15 分鐘整理和複習筆記，如圖 5-6 所示。

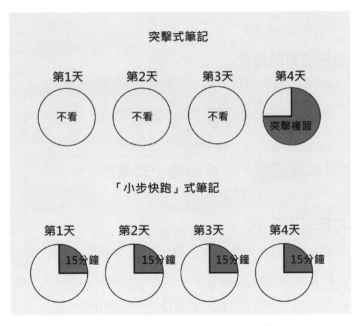

圖 5-6　突擊式筆記和「小步快跑」式筆記

第 6 章

考試高分的秘訣

備戰大考的 5 個步驟

　　如果你能像上一章中所講的那樣，在日常的學習中按部就班地補充和複習筆記，到了考試前，將為自己節省大量時間。

　　複習筆記比複習課本更高效，因為你的筆記本就是課本的濃縮精華，是一本「輕薄版」的課本。上面包含了課本要點、老師提到的考點及你的思考，等等。你只要對著筆記本就可以開始考前複習了！

　　接下來的內容，將透過 5 個步驟手把手教你考前複習和備戰考試。當然，如果你平時沒來得及做筆記，也不要緊。文中也會給出解決方法。

　　這 5 個步驟分別是瀏覽→粗背→精背→心智圖→亂序背誦。

▋ 第一步，瀏覽

　　在開始複習時，你要先快速瀏覽康乃爾筆記中的線索欄和總結欄。線索欄是筆記內容的提煉，涉及一頁筆記包含了幾個內容；總結欄是本頁筆記的歸納總結。

　　這相當於快速瀏覽一遍即將要複習的內容，做到心中有

數，主要了解這門課包含了哪些板塊，每個板塊有哪些主要內容、細節及重點。

如果平時來不及做筆記，你可以快速回顧課本的目錄、大標題、小標題和文中的粗體字等。

這一步就像是在做拼圖遊戲前，你需要知道整張圖片是什麼樣子，了解每個部分有哪些明顯的圖形和顏色，為後續的拼圖打下良好的基礎。

▌第二步，粗背

在這一步，你可以開始通讀筆記，全篇回顧筆記欄的內容，進行粗略的背誦。隨著時間的推移，之前學過的內容多半記不清了，這一步就是幫你找回那些遺失的知識，像播種種子一樣，先將它們淺淺地種在大腦中，形成印象。

這是將筆記越讀越薄的過程。在複習的時候，你可以畫出重點，做一些標記，也可以簡化筆記。如果遇到看不懂或不理解的地方，就要回歸課本和講義，把它搞清楚。

如果平時沒有整理筆記，這一步就要花費一些時間。儘量一邊複習教材，一邊將相關知識整理成康乃爾筆記。但是，要視考前時間而定，如果距離考試的時間不多了，那你就要取捨是否還要做筆記。看吧！平時做好筆記，真的會為考前複習節省很多時間！

▌第三步，精背

現在開始進行深度背誦。看著筆記欄裡的內容，一邊背一邊複述。背誦完一部分後，就用一張白紙蓋住筆記欄，看著線索欄中的問題，用自己的話逐一複述出來。也可以在白紙上寫下答案的要點，然後拉下白紙，對照筆記內容。這一步就是在檢測你的答案是否正確及是否有遺漏。

在背誦的時候，你可以參考第 4 章中講到的記憶方法。你可以重複上述的步驟，繼續背誦，然後對照線索欄裡的問題進行回憶，之後再回到筆記欄進行對照。先背誦筆記欄的內容，然後透過線索欄進行檢測，循環往復，直到非常清晰地完全記住為止。

如果沒有筆記，你可以閱讀課本的內容，然後進行背誦，之後對照目錄和小標題進行自我檢測。

▌第四步，心智圖

完成背誦後，要整理知識內容的框架。你可以將每一章內容整理成一頁的心智圖。心智圖相當於這一章的大綱，即核心資訊圖，包含了主標題、副標題、小學習重點、關鍵概念等。

這像一張大網把零散的知識打包到了一起，並且清晰地列出每個內容之間的層級關係。

你可以把心智圖看作一個拼圖指南，這個指南裡寫明了這幅拼圖有幾個板塊，有多少個主要色系，第一步拼哪裡，第二步拼哪裡，等等。

心智圖可以幫助你建立學習重點的框架，從而提升記憶力。

當然，這一步非常鍛鍊邏輯能力和歸納能力。我們將在下一小節學習心智圖的畫法。

▌ 第五步，亂序背誦

最後，根據距離考試的時間將筆記能背誦幾遍是幾遍。不要從筆記的第一頁開始看，而是從自己學得較差的那一章開始看。

背誦時，對照著心智圖，首先透過自己的回憶將學習重點按照順序一個個複述出來，遇到記不住或記得不清晰的就要回歸筆記裡對應的內容，反覆背誦，直至完全記住。

經歷過泛背、精背，你對相關知識已經非常熟悉，這一步透過不斷鞏固，讓你對知識的掌握由熟悉變成精通，做到一看到學習重點就能立刻反應出涉及的內容和考點。圖 6-1 展示了備考的 5 個步驟。

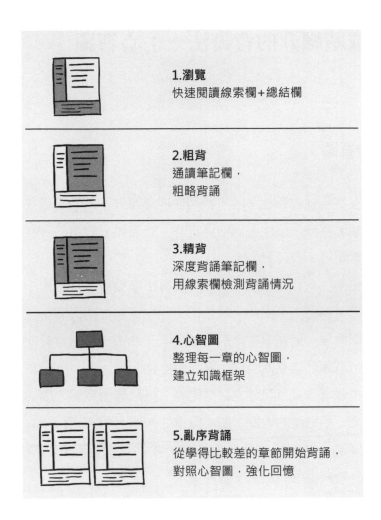

圖 6-1　備考的 5 個步驟

讓成績飆升的背書法一：心智圖

▌心智圖

在電腦裡儲存檔案時，我們往往會建立不同的資料夾，分門別類地存放。這樣在調取資料時，只需找到對應的資料夾或者搜索關鍵字即可。

但是，大腦中存放的資訊可沒有那麼整齊，往往東一個西一個，天馬行空。因此，我們需要建立資訊之間的關聯性，構建一個框架，把課本中零散的知識填充進去，這相當於在大腦中分門別類地建立資料夾，幫我們增強記憶。

構建心智圖就是建立知識體系，搭建學習重點之間的關聯性，像一幅思維的地圖，使大腦裡的知識形成資訊圖。

關於心智圖的畫法有很多種，我們這裡重點介紹兩種畫法：發散式畫法和組織架構圖畫法。

發散式畫法

在筆記本一頁的正中央寫出各章大標題，然後向周圍延伸出副標題。

比如，某一章涉及 5 個副標題，也就是 5 項大內容，分散

寫到周圍；每個副標題下又包含了哪些小知識，繼續延伸到對應的副標題周圍；如果小知識下依然含有子知識，就繼續寫在小學習重點旁，如圖 6-2 所示。

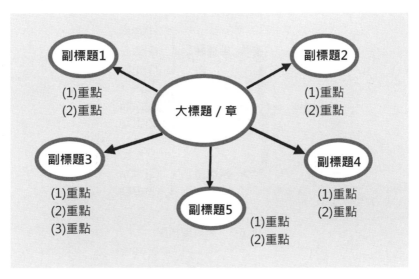

圖 6-2　發散式心智圖

組織架構圖畫法

　　組織架構圖畫法的本質沒變，依然是建立每個學習重點的聯系和層級關係，用大括弧把一個層級的知識框起來，如圖 6-3 所示。

　　心智圖可以清晰地勾畫出每個內容之間的層級關係，讓每章裡面包含了哪些內容一目了然；其建立了資訊間的關聯性，可以幫助我們記憶，讓我們不容易遺漏學習重點。

每當出現新知識時，我們還可以將它和大腦中已有的知識建立關聯。

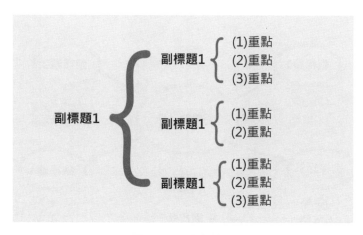

圖 6-3　組織架構圖

▎不要從第 1 章開始背

在剛開始複習時，我們的大腦比較清醒，但越看到後面我們的精力越不足，越看不進去。因此，如果每次都從第 1 章開始看，我們會發現總在複習已經學會的內容，遇到比較難的部分，總是會卡住。

背書時不要按照順序來，要把課本的內容分為三個部分：

學得較差的章節——即刻複習；

學得一般的章節——稍後複習；

學得較好的章節——最後複習。

我們在每次複習時，要從學得較差的部分開始看，先從弱點下手。等到把學得較差的章節全部複習完了，再看學得一般的章節，最後複習學得較好的章節。這樣可以確保我們把時間花在強化弱點章節，不會到後面沒時間複習那些真正需要複習的內容。

即使在背誦一段話的時候，也要遵循這個原則。背過一遍後，不要再從第一句開始，而是從沒記住的地方開始背，不然我們就會總在重複背誦已經會的內容。每次背完，我們都要再從最不熟悉的或者卡住的地方開始背，刻意地反覆練習不會的地方。

讓成績飆升的背書法二：雙重編碼

▌ 圖文雙重編碼

我們的大腦分為左腦和右腦，這兩個板塊各司其職，有著不同的功能。

左腦：主要負責處理語言和文字，做出邏輯分析和判斷，我們概括地將其稱為「文字腦」。

右腦：負責處理圖像和聲音，產生創意和抽象思維，我們概括地將其稱為「圖像腦」。

心理學家白斐歐（Paivio）提出了「雙重編碼理論」，即在處理和儲存資訊時，我們會用到兩個編碼系統：一個系統是透過語言和文字儲存資訊；另一個系統是透過圖像和畫面來儲存資訊。

剛才提到的大腦的兩個半球，左腦「文字腦」和右腦「圖像腦」，也就對應了「雙重編碼理論」的兩個系統。無論我們需要在複習時輸入知識，還是考試時輸出知識，都要經過這兩個系統。

也就是說，我們閱讀文字時，就是透過文字系統將知識存入大腦，查看圖片時就是透過圖像系統將其存入大腦。

「雙重編碼理論」提出，在背誦和記憶知識時，如果我們可以同時運用這兩個系統，既透過文字，又透過圖片，那就同時調動了大腦的左右區域，對資訊進行了雙重加工，這樣就能記得更加牢固。

當我們需要調取資訊時，比如在考試作答時，我們就可以同時調動左右腦為自己服務，搜索對應的學習重點。因此，我們在背書時不要忽視教材中的插圖，圖像加文字的形式可以讓記憶更加深刻。做筆記時，我們要善於圖文結合，有時一段內容，用文字表達出來會很複雜，換成圖片後就會簡單許多；也可以使用不同的顏色，這同樣可以幫助記憶。

圖表對比法

曾有一組實驗，要求對比兩種不同流派的畫：A 流派的畫和 B 流派的畫。實驗人員將被試分為兩組，第一組被試只能輪流觀察兩種流派的畫，即看完 A 流派的畫之後，再看 B 流派的畫。

> 第二組被試要同時觀察兩種流派的畫作，即同時看 A 流派的畫和 B 流派的畫。
>
> 最後，讓兩組被試辨別這兩種不同流派的畫。實驗結果表明，第二組被試更快地學會了如何區分不同的流派。

在學習時，透過尋找知識的異同點，進行對比，能更好地促進我們理解和加深記憶。

因此，我們在背書時，可以將相似或同類型的知識和資訊進行對比，找出它們的差異點和相同點，這樣更容易記憶，如圖 6-4 所示。

對比	重點A	重點B
定義	XXXX	XXXX
年代、影響	XXXX	XXXX
……	XXXX	XXXX

圖 6-4　用表格對比知識

讓成績飆升的背書法三：睡眠背書法

▋ 睡眠背書法

想要記得更牢，我們必須要睡好。睡眠對記憶起著關鍵的作用。

睡覺時，大腦在做什麼？

睡眠有 5 個不同的階段，從剛開始睡著的入睡期到淺睡期，再到熟睡期和深睡期，以及快速眼動期。整個晚上，我們都在睡眠中不斷循環這 5 個階段，如圖 6-5 所示。

每個階段都對學習起到輔助作用，而且作用各不相同。

剛入睡時，大腦開始鞏固記憶。

然後來到淺睡期，這個階段幫助提升運動記憶，比如白天學到的體育動作，音樂課上學到的樂器演奏技巧等。

第三階段的熟睡期和第四階段的深睡期幫助大腦延長記憶，比如今天看到的資料、公式和日期等，讓我們記住資訊的時間更長。

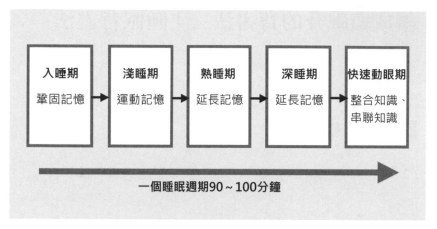

入睡期
鞏固記憶

淺睡期
運動記憶

熟睡期
延長記憶

深睡期
延長記憶

快速動眼期
整合知識、
串聯知識

一個睡眠週期90～100分鐘

圖 6-5　睡眠對記憶的作用

　　到了快速眼動期，大腦開始整合一天中學到的知識，把知識串聯到一起。一夜當中人們通常會有 4 ～ 5 次的快速眼動睡眠階段，每次持續 20 ～ 30 分鐘。

可以看出，睡眠對學習主要有兩個作用：
（1）鞏固記憶，即儲存並標記重要的記憶；
（2）整合知識，即回顧這一天的資訊，進行組合和串聯。

　　所以，我們要保持充足的睡眠，並且保證睡眠的這 5 個階段的週期完整。這樣大腦才有時間回顧今天收集到的資訊，並

且儲存重要的內容，之後再把知識進行重塑和連接，進而增強
對前一天所學內容的理解和記憶。

　　針對睡眠對學習的作用，我們可以採用睡眠學習法。

　　第一步，在睡覺前，對當天學習的知識進行複習。

　　第二步，躺在床上，從頭到尾回憶一遍剛才學習的內容。

　　遇到想不起來的也不要緊，繼續回憶。這樣，當我們入睡
後，這些知識會繼續在大腦中被加工，進行鞏固和整合，有利
於加深記憶。

　　總體來說，我們需要先記住知識的關鍵點，然後才能借助
睡眠把這些要點拼湊起來，形成一幅大腦的認知圖。

　　第三步，第二天一早起床後，我們要趁熱打鐵，趕緊把
昨天睡覺前學的內容再鞏固一遍，這樣這些知識就會被牢牢地
「焊」在了我們的腦海裡。

▌ 小技巧：情緒飽滿背書法

　　康乃爾筆記法的發明者波克教授在他的書中介紹了一個背
書奇招，我稱之為「情緒飽滿背書法」，就是當你在看課本複
習時不要只是把文字過一遍，而是要在腦海中情緒飽滿地默念
出來，用你能想像到的最誇張的語調、最飽滿的情緒，像喜劇
演員一樣抑揚頓挫地念出這些句子。

　　這麼一念，是不是念出了不一樣的感覺？是不是記得更深刻、看得更投入了？課本也沒那麼枯燥了。剛開始，你可以先試著讀出聲來，等熟練了再開始默念。

　　現在不妨就試一試，用飽滿和誇張的語氣把上面的這一段文字在心裡默念出來吧！

　　再好的學習方法，只有當你實踐了，才有效果。在嘗試新方法的時候，不妨將自己過去所用的學習方法與之對比，深刻思考一下「當初的你」為什麼這樣學，舊方法與新方法之間有什麼不同。只有加以運用，你才能找到適合自己的學習方法。

　　在下一次學習時，就從上述的方法中選擇一種實踐吧！

學霸備考計畫表：
目標、任務清單和考前規劃

「不做計畫的人，就等於在計畫失敗。」

面對像考試這樣的大型任務，我們需要提前做規劃，並安排考前的時間。備考計畫表就可以幫我們完成這項任務。

備考計畫表包含 3 個部分。

– 目標：為自己設定一個總體考試目標，以及各個學科理想的目標。

– 任務清單：列出考試前需要複習的內容，確認任務量。

– 考前規劃：將計畫落實，根據考試時間，把任務安排在日曆上。每天完成規定任務，追蹤完成情況，並進行每日反省。

我們要對備考計畫表從整體到細節進行規劃，透過拆分任務，把行動細分到每月、每週及每天。

這個計畫表很簡單，也許只需要花費 5 分鐘，但你只有認

真跟著做，才會有大幅成長的機會。

（1）設定目標
我們還是使用萬能的康乃爾筆記本，如圖 6-6 所示。

- 在第一行寫下計畫的日期，以及距離考試的天數，這樣我們就知道自己還剩多少時間了，是不是突然有了緊迫感？
- 在左側的線索欄分別列出總目標和分項目標的名稱。
- 在右側的筆記欄一一寫下具體的目標。
- 將右側的筆記欄分成兩列，一列寫出我們的目標，即我們的理想情況，比如希望期末考試總分達到 550 分，位列全班的前 3 名，以及各個科目的理想分數。另一列，寫出我們目前的實際情況，比如最近一次考試的總分是 500 分，位列班裡的前 10 名，那麼距離目標還差 50 分，需要提高 7 個名次。對於各個科目也是一樣，列出理想的分數和目前的分數。

透過這種方法列出理想情況和實際情況，我們就能對比現狀與目標，看看現在的水準距離目標還差多少？

圖 6-6　設定目標

需要提醒的是，目標不能設定得過高或過低，最好有挑戰性，是我們努力就能夠實現的，這會讓我們更有動力。如果目標設定得過高，容易打擊自信心；如果目標設定得過低，很難調動我們的積極性。

把整體目標和分科目標都一一寫在表格上。這個過程也有助於我們分析自己的學習情況，看看哪些科目比較需要加強，哪些科目提升的空間較大。

（2）任務清單

如圖 6-7 所示，把複習的任務像列待辦清單一樣逐個羅列出來。

我們可以在左邊列上各個分項目的名稱，然後在右邊把每個科目在考前需要複習的全部資料羅列上去，比如課本有幾章，是否有課堂講義，以及有多少筆記、試卷和練習冊，等等。我們現在不需要考慮能不能看完，只需要把所有涉及的複習材料都寫上去。

（3）考前規劃

- 把康乃爾筆記當作豎版的日曆，在左側寫下現在的月份和日期。

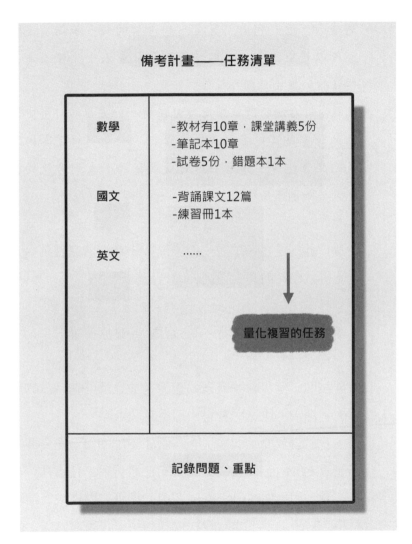

圖 6-7　任務清單

- 然後向下逐一列出從現在起到考前的所有日期。終點
  也可以是交論文的日期，如果是社會人士，可以是某
  項任務的截止日期。
- 現在，用右側的筆記欄把複習任務一一安排在日曆中，
  比如計畫每天複習一章數學筆記、一章英語課本內容
  或語文筆記等，每天安排好複習任務，直到考試的那
  一天，如圖 6-8 所示。

請注意，並不是在考試前一天把最後一章複習完就萬事大
吉了，還記得我們在前文中講到的備考步驟嗎？

瀏覽 → 粗背 → 精背 → 心智圖 → 亂序背誦

我們要按照這個步驟開展多輪複習，並且最好在考試的前
幾天安排衝刺複習，快速地看過一遍重點和考點。

這時，我們就要開始取捨了。在剛才列出的複習任務清單
中，找出最重要的內容，然後從重要的任務著手。在這裡，我
又要囉唆一遍，如果你在日常的學習中就把筆記整理成了清晰
的複習材料，這時你就不要看教材或講義了。以筆記為主，配
合鞏固錯題即可。

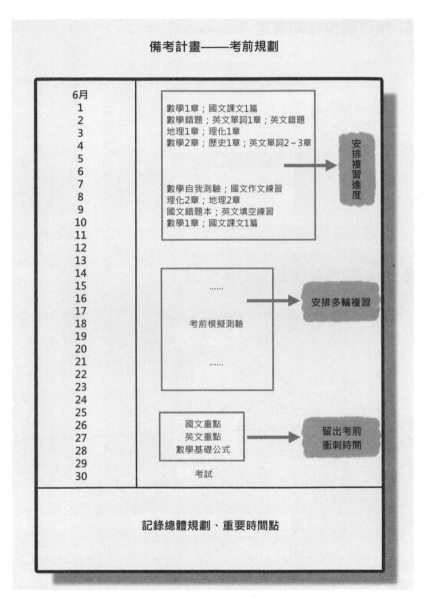

圖 6-8　考前規劃

▌用日曆做時間管理

之所以用日曆做時間管理（規劃），是因為在我們把任務安排在日曆上的同時，我們已經為它安排了行動的日期，確認了完成的時間段，這有利於我們去執行。

日曆更加宏觀，讓我們對於每天、每週有多少工作量，以及距離考試的時間，可以做到心中有數。這樣安排學習任務，時間會更有彈性，更加靈活。

▌考前複習是衝刺，不是長跑

如果把考前複習比作 1500 公尺的跑步之旅，那我們千萬不要用同樣的速度去跑全程，不然這將是一個漫長、艱苦的旅程，很容易在中途懈怠。

我們可以把長跑拆分成幾個短跑，如將 1500 公尺分為 3 個 500 公尺的短跑距離，然後做階段式衝刺。在每一個階段進行爆發式衝刺，全力以赴奔向目標，而不是慢慢悠悠地跑向終點，如圖 6-9 所示。

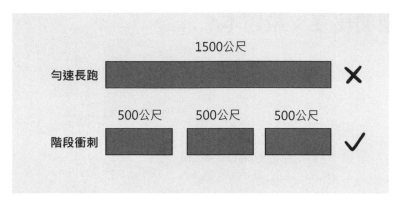

圖 6-9　考前複習的節奏

在每個階段，我們都要遵循以下的循環步驟：

看書—自測—回饋—改進

在每個階段複習結束後，我們要透過做題和自測背誦效果等方式，檢測自己的學習成果，進行自我回饋，根據回饋結果不斷改進。

反覆看書並不能讓我們得知自己的學習情況，只有透過檢測才能讓我們了解自己是否真的掌握了相應內容，然後再根據回饋改進那些不熟悉和不理解的部分。

逆襲秘笈：錯題本

如果能把所有錯誤都糾正過來，你離成功還會遠嗎？

學會整理錯題，會讓你的成績一飛沖天！

▌ 整理錯題的步驟

拿出康乃爾筆記本，在筆記欄裡寫下寫錯的題目。如果想節約時間，你也可以把題目剪下來貼在本子上。然後，詳細地分析答案，理解這道題目。

看完後把答案蓋住，像做一道新題目一樣在筆記本上解答，這樣才能檢測出你是否真的掌握了。寫完後對照答案，看看自己寫的和答案有什麼差別，有什麼遺漏。思考自己做錯的原因是學習重點掌握得不牢固，還是遺漏了題幹資訊等。

表 6-1 展示了幾種常見的錯題原因，在下次整理錯題時你可以對照檢查自己屬於哪一種原因。

在答完題後，你要繼續整理筆記，包括：

- 詳細分析錯題原因，了解為什麼錯；
- 整理解題想法及步驟。

　　要重視每一道錯題，即使是粗心造成的錯誤也要重視。例如，因為觀念裡的先入為主、思維定式造成的錯誤，潛意識裡認為「就應該」這麼作答，從而忽視了關鍵資訊和要點。

　　接下來，在左側的線索欄寫出：

- 錯誤的原因，比如學習重點掌握不足、審題錯誤等（參考表 6-1 的常見錯誤）；
- 涉及學習重點的名稱；
- 本次做對了還是做錯了，做對了就打個「√」，做錯了就打「×」；
- 如果連續 3 次都做對（√√√）了，就可以不再看這道題，如果連續做錯了，就要重點再回顧和複習一遍。

常見錯誤	內容
學習重點掌握不牢	概念模糊，基礎知識、公式知識記得不牢固等
缺乏答題技巧	缺乏答題邏輯及答題思維，答案漏掉關鍵點
審題錯誤	審題時漏掉資訊；條件反射導致的錯誤；理解題幹有誤；掉入題目陷阱
粗心	計算錯誤；思考模式僵化
遇到了新題型	遇到了新的題目及答題形式、新的知識

表 6-1　常見的錯題原因

在下方的總結欄可以補充相關的學習重點和同類型題目。
圖 6-10 展示了用康乃爾筆記法整理錯題的示例。

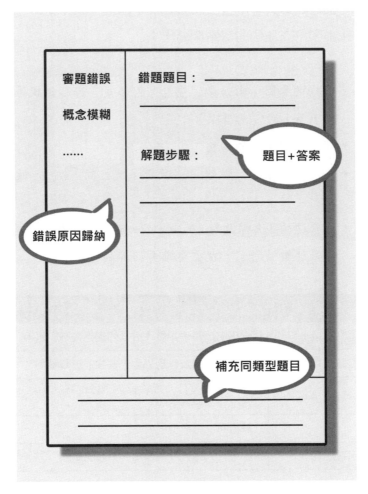

圖 6-10　用康乃爾筆記法整理錯題

▌ 錯題本的使用方法

　　每次考試後，我們要將錯題集中整理到筆記本上；也可以在一週學習結束後，再整理本週內做過的練習題。

　　錯題本的關鍵是反覆使用和練習。每次在使用錯題本時，我們都要把錯題當作新題來做。用紙蓋住答案，自己寫一遍，

　　再對照答案。在這個過程中，多次做對的題可以不用再看，把錯題本越做越薄。

　　在整理錯題時，可以分題型整理，比如英語分為閱讀理解、單字填空等；也可以以考試或練習冊為單位，將一次考試的錯題整理到一起。

考前準備及如何應對壓力

▍考前準備

我們之所以對考試感到緊張和焦慮，是因為對考試帶來的不確定性感到恐懼。我們不清楚考試當天的狀況，不知道會遇到什麼樣的題目，自然會感到緊張。

我們現在要做的就是降低不確定性，當我們知道了將要面對的是什麼，就會更有把握。

考前確認清單

- 考試前應確認考場的位置，了解如何從家或宿舍到考場，熟悉路線，確認離考場最近的廁所在哪裡；可以提前去考試的地點和考試的教室走一圈。
- 確認考試需要帶的物品，包括准考證、身分證、文具（包括中性筆、替換筆芯、鉛筆、橡皮擦、直尺、圓規、畫卡用的 2B 鉛筆等）。
- 熟悉考試卷的形式，找到歷年的考古題，看看有哪些題型，有幾個部分。

- 自己模擬一遍考試流程，訂好計時器，在時間內完成考古題試卷，檢測自己把握時間的能力。

- 預設考試當天的情景，把要做的事情提前規劃好，增強確定性，減少未知帶來的恐懼。比如，當天幾點起床，幾點出發去考場，乘坐什麼交通工具等。

- 在考試前一天晚上準備好要帶的所有物品。寫下考試當天的物品清單，然後在前一個晚上都準備好。

考試時在考什麼

- 對知識的掌握和運用：拿到試題，我們需要回憶複習的知識，進行邏輯分析和歸納總結。

- 時間分配能力：選擇題和非選擇題用到的時間肯定不同。在遇到難題時，我們需要考慮花多少時間解答它不會影響到其他題目。

- 抗壓性：良好的抗壓性也非常重要。很多人到了考場，過於緊張，導致做錯了原本會做的題目，或者答題邏輯不清，沒有答題策略，丟掉了本可以得到的分數。

　　了解考試是在考查哪些能力，我們在平時就可以多加練習。關於如何緩解考前焦慮，請參考第 11 章的內容。

第 7 章

時間管理、自我管理方法

奧運冠軍、億萬富翁這樣管理時間

告訴你一個秘密。

本書介紹的億萬富翁布蘭登、著名畫家達文西、發明大王愛迪生等，你和他們擁有一件一樣的東西，那就是時間。你擁有的時間和他們分毫不差，都是每天 24 小時，每年 365 天！

但是，我們如何花費時間，在有限的人生產生了怎樣的價值，卻千差萬別。這讓我們活出了完全不一樣的人生。

現實往往是我們的時間總是不夠用。堆積如山的工作，做不完的作業；很多人心血來潮制訂了一堆計畫，卻總是計畫趕不上變化；想早起，想健身，但遲遲未能開始……。

我們總是被時間推著走，誠惶誠恐，從未駕馭過時間。忙忙碌碌地過完一天，盲盲目目地過完一年，不禁感嘆，時間都去哪兒了？

那麼，我們要怎樣好好把握時間才能創造不同？

▌他們這樣管理時間

✎ 體操女皇夏農・米勒（Shannon Miller）

歷史上著名的體操運動員夏農・米勒被譽為「體操女皇」，她獲得過 7 枚奧運會獎牌和 9 枚世界錦標賽獎牌。

她會制定詳細的日程規劃，來安排各類事項，比如訓練、學習、生活和其他瑣事。而且，她的計畫表會精確到分鐘！例如，9:00 ～ 10:30 做什麼，10:30 ～ 11:00 做什麼，等等。

在備戰奧運會期間，訓練會成為夏農的重中之重，她會優先安排訓練的時間，並確保總是在固定的時間段進行訓練，然後安排其他沒那麼重要的事情。就連碎片時間，她也不放過，比如她經常會在車上完成作業。

她還說過，一定要把計畫寫下來。每一刻都很重要，要確保你時刻專注在目標上。

另外，她也提到休息的重要性，不要覺得休息可恥，在狀態不好的時候，小睡一下可以幫助自己恢復活力。

✎ 特斯拉創始人馬斯克

當今商業領域最具影響力的人中，一定有伊隆・馬斯克的名字。他創建了風靡全球的汽車品牌特斯拉，以及致力於探索

太空的航太企業 SpaceX。除此之外，他還在不斷擴展自己的商業帝國。

那麼，管理這麼多企業的「大忙人」是如何自我管理時間的呢？

馬斯克熱衷於做日程規劃，他會用到「時間塊」的概念。

「時間塊」就是把一天中的時間分成多個小塊，然後在每一個時間塊集中完成一項工作。馬斯克會把時間塊精確安排到「5 分鐘」，規定在這個時間內完成某項工作。

由於他同時掌管著多家公司，因此他會給每一天的工作設定「主題日」。比如週一要完成特斯拉的工作，週二要完成 SpaceX 的工作，這讓他時刻聚焦重點，不會因為同時應對太多事情而分散精力。

他也明白睡眠的重要性，並保證自己每天有 6 小時的充足睡眠。

他說過如果沒睡到這個時間，自己會感到精力不足。

🖉 柳比歇夫時間管理法

關於時間管理，一定要提的就是柳比歇夫。柳比歇夫是一位哲學家、昆蟲學家和數學家。他的一生非常高產，發佈了 70 多部學術著作，以及 1 萬多張打字稿的論文和專著。而且，他的文章涉及領域十分廣泛，包含了科學、哲學、農業、動物

學和遺傳學等。

柳比歇夫運用了一套「時間統計方法」，他每天都會在筆記本上記錄當天做的每一件事，以及每件事花費了多少時間，例如：

1964 年 4 月 8 日，烏里揚諾夫斯克（地點）；

分類昆蟲學：鑑定袋蛾——2 小時 20 分鐘；

寫袋蛾的報告——1 小時 5 分鐘；

路途往返——0.5 小時；

讀報紙——《消息報》——10 分鐘；

…………

他會統計一天中做的所有事情及時間，包括工作、通勤、休閒等。透過記錄，他就知道今天做了什麼，在重點工作上花了多少時間，在非重點工作上又花了多少時間。這幫助他時刻關注時間的消耗情況，並追蹤工作是否按計劃執行，然後再根據當天的情況，對第二天的工作計畫進行調整。

不要以為他把時間都用來做學術研究，生活一定很無趣。實際上，柳比歇夫還有許多業餘愛好，他喜歡聽音樂會、看電影和旅遊，還掌握了幾門語言。

統計時間的方法，讓他成了時間的主人。

我們不難發現，這些成功人士和精英都是「多面手」。他們做到了「駕馭時間」，能夠平衡工作、生活和學習上的各類事務，把時間用到極致，無限開發自己的潛能。

高效管理時間 5 個法則

█ 把所有事寫下來

當在一天中有許多事要完成時，我們不妨把它們一件件列出來，並安排完成的具體時間段。

我們應將「任何事」都記錄下來，而不要嘗試用大腦記住所有事。無論重要的任務、日常的瑣事，還是一個預約的日期。

總之，無論大事還是小事，通通將其寫到計畫表上。這樣才能釋放大腦空間，我們才能專注於真正重要的事情，才會產生創意和靈感，而不是被各類待辦事項填滿了「記憶體」。

做好了計畫，我們就不用時刻想著有多少事要做，接下來該做什麼。將事情安排到對應的時間段，到了相應的時間，就自動開啟相關的任務，這可以幫助我們釋放心力。

█ 要事優先

我們應確認事物的優先順序，把重點放在那些能幫助我們實現目標的事情上。這方面的內容在後面有關拖延症的章節也會詳細介紹。

▌ 精力管理

時間管理其實就是精力管理，說白了就是自我管理。心理學家吉姆・洛爾（Jim Loehr）和作家東尼・史瓦茲（Tony Schwartz）提出**精力包含 4 個部分，也就是體能、情感、思維和意志。**

在體能上，奧運冠軍、億萬富翁都提到了充足睡眠的重要性。人體的精力就像一塊電池，休息就是在給身體充電，因此保持每天充足和規律的睡眠很重要。

在飲食方面，我們吃完飯後容易想睡覺跟食物的升糖指數有關。例如，加工食品、油炸食品、高碳水化合物食品，升糖指數較高。雖然吃完後它們會在短時間內刺激大腦，但過沒多久我們就會感到精力不足。

我們可以選擇升糖指數低的食物，比如全麥主食、高蛋白食物等，這些食物能給我們提供持續的能量。

對於情感方面，我們可以透過做自己熱愛和感興趣的事幫自己充電。但是注意，玩手機或看電視劇這些事並不能讓人真正得到放鬆，它們更像是「精神垃圾」，讓我們的大腦在短時間內興奮起來，但之後會更累。

在思維和意志方面，我們可以找到值得為之奮鬥的目標，找到人生的意義感，然後透過做計畫去一步步實現。

▍不要看社群動態、娛樂新聞

　　現在的新聞消息非常善於博眼球，抓住了人們的獵奇心理，並善於煽動情緒，透過誇張的標題和並不一定真實的資訊來吸引注意力。這些資訊毫無營養，很多資訊只會引起我們對社會的不滿、憤怒、焦慮和擔憂等，而且看社群動態、娛樂新聞容易停不下來。

　　如今，演算法還能抓准我們的喜好點，為我們推送「獨家篩選」的內容，讓我們欲罷不能，覺得手機真好玩！實際上，這讓我們陷入了「信息繭房」，我們看到的只是系統和平臺想讓我們看到的內容。我們應杜絕一切熱搜和娛樂新聞，不要讓自己的人生限制在小小的手機螢幕裡。

▍早起

　　我們幾乎很少聽到哪個成功人士會睡懶覺。如果我們起得很晚，這一天的時間就所剩不多，我們會感到很沮喪，沒有動力去做更多的事。

　　根據杜克大學的一項研究，大部分人在早上起床後的 2 小時內，效率是最高的。所以，我們一定要把握這個黃金時間段！

　　著名演員、美國加州前州長施瓦辛格每天 5 點就起床了。

蘋果的 CEO 提姆‧庫克從凌晨 4 點就開始工作。

班傑明‧富蘭克林每天 5 點開始安排一天的工作。

星巴克的 CEO 霍華‧舒茲通常 6 點前就會到達辦公室。

關於成功人士早起的例子還有很多。也許我們不需要像他們一樣四五點就起床，但我們可以根據自身情況，合理安排起床時間，並堅持下去。世界會嘉獎早起的人。

我們可以用康乃爾筆記法記錄睡眠和起床時間。只有寫下來，我們才能追蹤自己是否按要求完成早睡和早起，從而逐漸養成好習慣，如圖 7-1 所示。

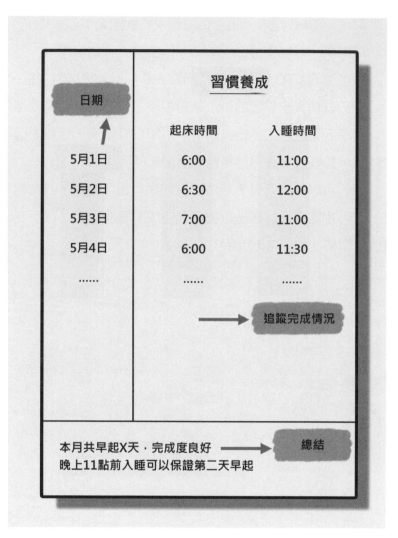

圖 7-1　用康乃爾筆記法記錄習慣

用康乃爾筆記做日計畫、週計畫和年計畫

　　成功人士都提到了做計畫的重要性。我們應意識到時間的寶貴性，每天都妥善利用自己的時間。做完計畫後，我們要遵守它，按照規定的事情一項項去完成。如果沒有完成，就要反省是安排的時間不合理，還是工作方法有問題，然後在第二天進行改善。

▌ 每日計畫

　　我們可以用康乃爾筆記格式做日程規劃。

- 每天一早就把當天要做的事情列出來，這樣就知道今天有什麼安排，不然總會被其他事情分心。
- 在第一行寫出當天的日期；在左側的線索欄寫出一天中具體的時間段，一般從起床的時間開始規劃。
- 用右側的筆記欄安排每個時間段要完成的任務，我們也可以使用時間塊的原理，把時間劃分成 30 分鐘或者 1 小時為單位的時間塊。

- 任務右側的空白處可以記錄任務的完成情況和實際消耗的時間。再根據實際完成情況調整第二天的計畫，我們會逐漸找到在不同任務間切換的節奏。

在做計畫時，我們要優先安排當天最重要的 3 件事。一定要先去做這 3 件事，否則每天總在忙著處理最緊急的事情，對於重要的事情一直拖著不做，長此以往，我們的人生很難有突破。重要的事情是指能為我們帶來長期收益的事情，比如對學得不好的科目進行查漏補缺；緊急的事情是指當下比較著急去完成的事情，比如做寒假作業。

在每天一開始就著手最重要的任務，不完成就不要開始做其他事情。這樣能讓我們時刻聚焦重點，只要堅持下去，就一定會看到改變。

記得要為每項任務留出緩衝的時間，不要把每件事的完成時間安排得太緊湊，預留一些「空白」時間，以免計畫有變，或者未按時完成前面的任務，打亂後面的規劃。

每完成一項任務，就在計畫表中將它重重地畫掉，這會讓我們有滿滿的成就感。

對於康乃爾筆記下面的總結欄，我們可以用來記錄當天的

目標，記錄有哪些最重要的事要完成。我們也可以在一天結束後進行反省，思考為什麼有的任務沒有完成，然後再調整第二天的計畫，這也是很重要的收穫，如圖 7-2 所示。

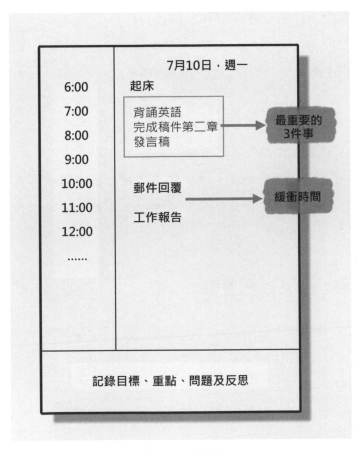

圖 7-2　日計畫

做好一件事不難，難的是日復一日把要做的事做完、並且做好。

很多人空有一顆上進的心，卻在實際生活中敷衍潦草。你怎麼過一天，就怎麼過一生。

週計畫

- 用康乃爾筆記做每週計畫，在左側寫下一週的日期。
- 然後在右側的筆記欄安排每天的任務。
- 透過這樣的計畫，我們能清晰地看出一週裡每天的任務；可以提前做準備，不會因為突然來臨的工作事項而手忙腳亂。

圖 7-3 展示了週計畫示例。

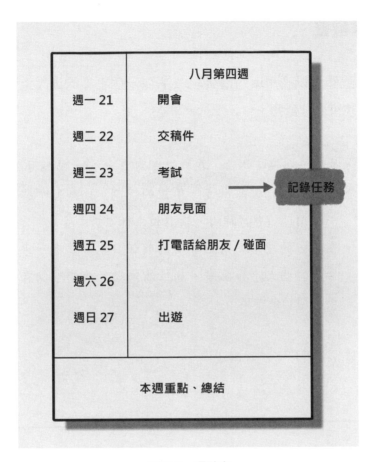

圖 7-3　週計畫

▍年計畫

我們可以利用康乃爾筆記法站在一個更廣的維度上做規劃，也就是年計畫。

- 在第一行寫下年份，在線索欄寫出一年的 12 個月。
- 然後在筆記欄寫出這一年裡的規劃，比如有哪些大的工作項目、考試時間、放假和旅行安排，等等。
- 在下方的總結欄寫出當年的幾個目標。這樣一來，全年有哪些大事和要事，就很清晰了，我們可以有條不紊地開始做準備。

圖 7-4 展示了年計畫示例。

圖 7-4　年計畫

管理任務，提升效率

事情多到做不完，每天都焦頭爛額；

忙忙碌碌一天下來，感覺身體被榨乾；

明明一直在努力，但工作卻毫無進展。

…………

以上場景大概是很多人的日常寫照。我們彷彿陷入了「間歇性努力，持續性混吃等死」的怪圈。

要更聰明地工作，而不是更辛苦地工作。

時間是固定的，我們沒法改變時間。真正的高效運用時間並不是管理時間，而是：

任務管理 + 自我管理。

▌ 任務管理

請再次拿出你的康乃爾筆記，我們一起來做任務管理（見圖 7-5）。

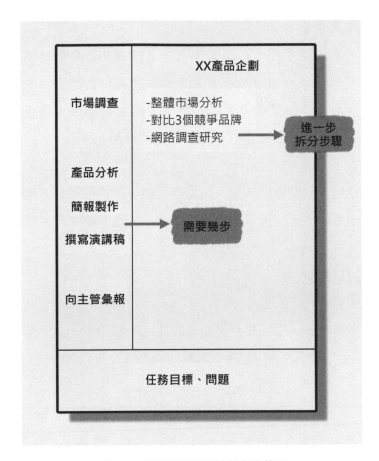

圖 7-5　用康乃爾筆記法做任務管理

- 第一步，在第一行寫下你正在追蹤的一個專案，比如
  要完成產品的策劃方案。
- 第二步，在左邊寫出完成這個專案需要幾步，比如市
  場調研、產品分析、簡報製作、撰寫演講稿、向主管

彙報等。

- 第三步，在筆記欄寫出每個步驟裡具體要做的事情，比如市場調研這一步又可以細分成：整體市場分析、對比 3 個競爭品牌、網路調查研究，等等。然後，為每項小任務安排一個具體的完成時間。

這樣，我們就把一個大項目拆分成了一個個可以立刻去執行的小步驟。確認了下一步要做什麼，任務的難度就降低了。

▌二八法則

很多時候，投入和產出並不成正比，努力不一定就能帶來成果。著名的二八法則提到，80% 的成果往往來自 20% 的行動。

> 20% 的事情決定了 80% 的成功。因此，找到那 20% 能影響結果的事情，集中精力做最重要的事情，攻破它，而不是在繁雜的瑣事中浪費時間。

還記得我們剛才講到的優先順序嗎？從最重要的事情開始行動吧！

▎聰明地做會議記錄

　　每次開完工作例會，很多人都會洋洋灑灑地記錄一堆內容，後期卻很難追蹤，這是因為記錄的方式有問題！無論在工作中，還是在參加學生社團時，我們都需要學會聰明地做會議記錄。

　　在做會議記錄時，我們也可以使用康乃爾筆記法。

　　在第一行寫下日期、會議主題、與會人員等。

　　在筆記欄記錄每一個工作事項，同樣採取大標題、小標題、分點內容的形式。

　　然後最重要的內容是，某一項工作的下一步該如何追蹤，主管給出了哪些指示和要求。我們可以畫一個箭頭，指向左側，在線索欄寫出具體的內容。例如，電話追蹤製作進度、主管提出要增加工作人員等。

　　這樣一場會議下來，我們需要追蹤哪些任務就一目了然，也不會遺漏重要的資訊了。

　　圖 7-6 展示了如何用康乃爾筆記法做會議記錄。

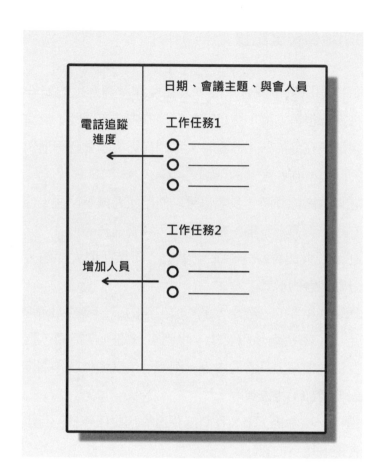

圖 7-6 用康乃爾筆記法做會議記錄

▍分配精力

　　我們的精力有限，早上剛起床時就像是充滿電的狀態。隨著一天的工作和時間的推進，「電量」會越來越少。這就是為

什麼當一天工作結束後，明明還有時間，我們卻提不起精神去健身和學習，因為我們的精力已經不足了。

因此，我們要根據精力來安排任務。用早上的時間完成難度大、費腦力的事項，效率會更高。午飯後，要減少費腦力的任務安排，這個時間段可以做一些重複性的工作。

另外，在一早開始工作時，我們不要先回覆郵件和各種訊息。因為一開始就回覆郵件，相當於把掌控權拱手讓人，我們要花費精力去面對來自各部門、各群體的老問題和新問題。我們要先聚焦在最重要、最有難度的事情上，然後找一個固定時間統一回覆郵件和各種資訊。

▌ 如何戒斷手機

大部分人都會把手機鬧鈴當作鬧鐘，這就讓手機成為我們睡覺前看到的最後一樣東西和早起後看到的第一樣東西。這在無形中會讓我們被各種資訊和娛樂控制！睡前，我們總是控制不住地瀏覽各種短影音，一刷就刷到了大半夜，早起後又被各種資訊「狂轟濫炸」，隨便一翻手機，大半個小時又過去了！一天的節奏就這樣被打亂了。

以下這 3 個步驟，可以幫助你遠離手機：

- 第一步，你需要換一個實體鬧鐘，不要再把手機鬧鈴

當作鬧鐘了。

- 第二步，睡前 1 小時不看手機。你可以在睡覺前，把手機放到另一個房間，或者放到抽屜裡。秘訣就是不要讓手機出現在眼前。這可以幫助你準時睡覺，也能提高睡眠品質。

- 第三步，起床後 1 小時內不看手機。這有助於你在早起後立刻開啟新的一天，專心致志地投入工作，而不是讓大腦被各種資訊和新聞塞得滿滿的。

你需要嚴格遵守這個「1+1 手機隔絕法」，即睡前 1 小時加上早起後 1 小時，要杜絕和手機的接觸。答應我，今天晚上就試試吧！

時間太寶貴了，朝夕之間不過一瞬，不要被自己心裡的「等以後有時間了再做」、「等機會成熟了再開始」所拖累。人生沒有「以後」，如果你有什麼想做的事情，現在就去做。

第 8 章

重塑閱讀和寫作

閱讀改變人生

✐ 巴菲特的「啟蒙讀物」

我們又要講到巴菲特，他從小就酷愛讀書，經常泡在當地的圖書館翻閱各類書籍。他曾讀過的一本書叫《複利的本質：賺 1000 美元的 1000 種方法》，這本書介紹了許多實用的賺錢方法，成了他的商業啟蒙書。據說，巴菲特幾乎背下了書中的內容，並對其中的方法加以運用。只有十幾歲的他就開始兜售一些小商品、送報紙，甚至買了他人生中的第一支股票。在小小年紀，他就賺到了 1000 美元。

後來的故事大家都知道了，他開啟了傳奇的投資生涯，總能實現超高的收益，成了全球最富有的人之一。

直到現在，巴菲特都保持著閱讀的習慣，他每天會花上 5、6 個小時讀書和看報。

✐ 追風少年成發明家

在非洲的一個小村莊，經常發生乾旱和洪澇災害，人們飽受饑餓的折磨。威廉・坎寬巴（William Kamkwamba）是生活

在這裡的一個小男孩，十幾歲的他因為家中貧困只能輟學。但坎寬巴並沒有因此停下學習的腳步，他經常去村子裡的圖書館看書。當時的他閱讀了關於能源的圖書，自學了關於發電的技術和知識。

年少的他將書中的知識運用到了生活中，把一輛自行車改造成了發電風車，打造出的發電設備解決了村莊長久以來的灌溉問題。

後來他有機會重回校園完成學業，並從美國的達特茅斯學院畢業，還在 TED 發表演講。他的經歷還被改編成電影，搬上了大螢幕。

✎ 普通職員逆襲成為著名社會學家

很多年前，一位「橫空出世」的普通職員用一份自己整理的社會學內容手稿敲開了專家領域的大門。

這個人就是尼克拉斯・盧曼（Niklas Luhmann），他完成的社會學著作一出版就轟動了學術界。他提出的理論讓他在社會學領域名稱聲大噪，使他成了德國著名的社會學家之一。

是什麼讓一位普通職員一躍成為社會學大師？答案是，盧曼每天下班後，會一下子紮進書本的海洋中，他的閱讀涉獵廣泛，涵蓋了哲學、社會學等廣泛領域。

不僅如此，盧曼還採用了一套特殊的筆記方法。閱讀時，

他會將自己的感悟、評價、文字摘錄及靈感寫在小卡片上，每張卡片記錄一個獨立的筆記內容。然後，他在卡片的一角編上數字，把內容關聯的小卡片放在一起。根據卡片編碼，他可以看到同一個主題下不同作者的觀點，不同年代的理論演變，以及對某個觀點的各種批判。

據統計，盧曼整理了 9 萬多條筆記。正是這些筆記幫助盧曼整理了思想。他憑藉這些筆記，出版了 50 多本書，發表了 400 多篇文章，幾乎涉及各行各業。

讀書讓我們有機會了解歷史上的偉人、真正的聰明人和行業領袖的思想。書中的文字是我們和他們交流的橋樑，幫助我們領略這些偉人的思想精華。尤其是小時候讀的書，就像在人生道路上埋下的種子，生根發芽，影響著我們的成長之路。

讀書促進思考，可以讓我們對自己進行優化和反覆運算。比爾‧蓋茲給自己設置了「思考週」，他會到一個不受干擾的湖邊小屋，用一週時間專門來看書。卡內基也不止一次提到多讀書的好處，讀書能為我們的人生指明道路，閱讀帶來成功。

成功人士讀什麼書

托馬斯・科里（Thomas C. Corley）做過一項統計，發現 88% 的富人每天至少閱讀 30 分鐘，85% 的富人每月看 2 本以上的書。

他們讀的不是閒書，超過一半的人閱讀名人傳記、個人成長和歷史類圖書。

閱讀和學習可以鍛鍊大腦，圖書可以為我們帶來很多啟示。

傳記類圖書

著名投資人查理・蒙格從小就喜歡讀各種書，他甚至被身邊的人稱為「長著兩條腿的書」。他尤其喜歡讀傳記類圖書。每當讀書時，他會把書中的人物想像成自己的朋友或導師，每當打開書時，就像和老朋友或導師見面聊天一樣。這樣能更切實際地把他們的知識運用到自己的生活中。

想想看，讀書就能讓我們拜最卓越的人為師，汲取他們智慧的精華，我們何樂而不為呢？

歷史類圖書

「讀史可以明智，知古方能鑑今。」讀歷史類圖書，可以幫助我們從時間的長河中吸取人類的智慧和教訓。

陽光底下沒有新鮮事，現在發生的事情和未來即將發生的事情，也許都在過去的某個時代發生過了。

科學類、物理類圖書

矽谷著名投資人納瓦爾推薦的讀物裡不僅有歷史書，還包括了科學類、物理學圖書，他認為是許多學科知識的基礎。

讀書筆記的正確使用方式

　　閱讀改變人生，但為什麼有些人讀了很多書，依然沒有長進？那可能是因為他們一直在無效閱讀。

　　班傑明・富蘭克林在閱讀時會隨手拿著筆記本和筆，邊讀邊將要點寫在筆記本上。他說這是幫助記憶的最好方式。

　　社會學大師盧曼在讀書時做的筆記也非常有講究。盧曼的讀書筆記不是摘抄，而是他在看完原文後寫下的自己的思考和評價。這樣做筆記才能促進思考。

讀書時不做筆記 = 無效閱讀

筆記只寫在書上 = 無效閱讀

▌為什麼一定要做筆記

　　如果不將所學知識記錄下來，就容易忘記。即使看過的書再有意義，老師講的內容再深入，演講者講的主題再精彩，過了一段時間後，大部分內容也都會被遺忘。

▌ 為什麼不能在書上做筆記

不要將筆記寫在書上，因為你很可能再也不會打開這本書。而且，當你想要在看過的書中找到某一個觀點時，是非常困難的。如果每次想運用書中的某個知識，都需要翻開那一本書查找，這會很麻煩。

▌ 做筆記一定要思考

讀書筆記一定是經過思考後的產物。做筆記可以幫助思考，我們在記錄時要用自己的話進行複述、轉寫。

盧曼的卡片筆記就幫助他從龐大的資料中整理想法和深入思考。這讓零散的知識形成體系，建立了知識架構。這些筆記成了他日後出書、寫文章的內容來源。甚至在他去世後，他的助手還從他的筆記手稿中整理出了多本不同主題的圖書。

▌ 用康乃爾筆記法做讀書筆記

第一步，閱讀前的準備工作

- 在筆記的最上方寫上書名、作者、出版時間，以及你是什麼時候閱讀的等基本資訊。

- 快速瀏覽書的框架。

在拿到一本書後，我們要快速瀏覽書的目錄。看看這本書包含多少章，涉及哪些內容。然後同樣，在閱讀每章之前快速過一遍本章裡的大標題、副標題、粗體字和圖片等。

目錄 → 章節標題 → 副標題 → 粗體字和圖片

這一步可以有效提高閱讀速度，就像你要去往一個目的地，出發前先查一下導航，規劃行程，並計畫到達時間。

第二步，閱讀中

下面，我們就正式開始閱讀。

在讀書的過程中，我們應學會區分 3 類內容，即論點、論據和案例，如圖 8-1 所示。

- 論點是書中核心的觀點，是作者要表達的思想和理論。
- 論據是輔助論點的內容，用於解釋核心觀點和支持理論證。
- 案例是作者列舉的例子、調查研究或引用的名言等。

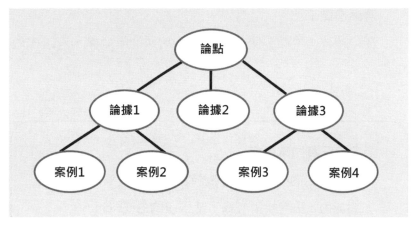

圖 8-1　論點、論據和案例

找到作者的核心觀點。

核心觀點是作者在某一章或某一段中表達的中心思想，是作者自己的見解。

一般來說，一章結束的地方或者一個段落的開頭句和結尾句，最容易出現作者的核心觀點。

有時候，作者會用一個具體的例子進行解釋，所以這個例子的前後也很容易出現核心觀點。

請注意，作者的觀點不代表就是事實，你可以帶著批判性的眼光去閱讀。問問自己這個觀點是否正確？支持的論據是否有理有據？你在閱讀本書時，也請不要照搬本書的觀點，加入你自己的思考才是閱讀的正確方式。

邊讀邊做筆記。

在閱讀時，我們要使用康乃爾筆記法的筆記欄，邊讀邊做記錄。

讀書筆記具體寫什麼？

－ 記錄作者的核心觀點及支持的論據。要鍛鍊自己的閱讀能力，去尋找某一章、某一段的主要概念。

－ 一定要用自己的話複述，而不是抄寫。複述就是轉述和改寫，言簡意賅地描述作者的見解，這樣才是在思考。

－ 寫下自己的思考和感悟。比如在讀四大名著時，你可以思考某個段落的寫作手法是什麼？表達了什麼樣的人物性格特點和社會環境？烘托了什麼樣的主題？

－ 記錄好的例子和好詞好句。收集書中好的例子和好詞好句，並標明未來能用在什麼地方。即使要摘抄原文的句子，也最好放到不同的語境下進行改寫，靈活運用書中的知識。

第三步，閱讀後

用線索欄整理問題。

每當閱讀完一小節或一章，我們就將筆記欄裡的內容，歸納成一個個問題或者小標題，寫在康乃爾筆記法的線索欄中。

比如在閱讀本章「讀書筆記的正確使用方式」時，你就可以在線索欄中將其總結為：「有效讀書筆記的 3 個原則」、「用康奈爾筆記法做讀書筆記的 3 個步驟」。

線索欄相當於書的內容框架。在整理完讀書筆記後，我們只需要快速回顧線索欄，就能清楚地回憶起這本書講的內容。

整理總結欄。

- 我們可以在筆記下方總結這一頁筆記內容，用 3 句話來介紹這部分講了什麼。可以設想一下，如果要你向一個從來沒有看過這本書的人介紹內容，如何用最簡潔的 1 句話或 3 句話說明白？
- 我們還可以總結這本書的 3 個核心學習重點、主題或者核心事件。這可以幫助我們提煉作者的核心觀點。
- 我們要在最後整理自己的思考和感悟。

圖 8-2 展示了如何用康乃爾筆記法做讀書筆記。

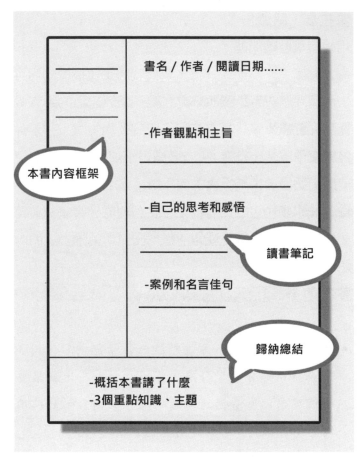

圖 8-2　用康乃爾筆記法做讀書筆記

從不及格到作文滿分

學生時代，我的語文作文一塌糊塗，從來沒有邁進過及格的大門。到了高中，我的作文依然沒有長進，而且和別人一差就是十幾分。於是，我痛定思痛，下定決心一定要拯救自己的作文成績。

接下來，我做了這幾件事，讓我的作文成績從不及格達到了滿分。

第一步，我買了一本叫作《滿分作文》的書，裡面是歷年大考的優秀作文合集。我開始系統地研究如何寫好作文。我翻看著這些滿分作文，也模仿著別人用了很多寫作技巧，每每完成都覺得自己寫出了曠世佳作，結果分數一出來，依然是不及格！

逐漸地我發現，光是翻看這些滿分作文，我什麼也記不住，即使用筆劃出好的句子，在考前狂背，但是沒有理解透徹，拿到試卷時還是會大腦一片空白，最後考試成績並沒有什麼改觀。這是因為這些寫作技巧和名言佳句，我既沒有理解，也沒有記住。

於是我決定「寫下來」，把好的句子整理到筆記本上。誰知，這成了改變我人生的決定！

每當看到好的句子時，我就把它抄寫到筆記本上。這時，我才發現這些優美的辭藻如果不寫下來，就只是過眼雲煙，很快就會被遺忘。

第二步，寫下來之後，我會用這些優秀案例和自己寫的文章做對比。我這才發現，自以為用到的寫作技巧和句式根本未達到要求；自以為抒發的感情和表達的核心思想，閱卷老師可能根本沒有看明白。即使我憑回憶用到了作文書中的一些例子，也只是浮於表面，根本沒有深刻理解其用法。

我明白了，只對著優秀作文看是沒有用的，哪怕是照著背，也無法將這些技巧變成我自己的知識。於是，我繼續整理寫作筆記，看到好的句子就抄寫下來，並且我會問自己：如果換一個主題，該怎麼運用？於是，我會進一步改寫這個句子：把它放到不同的語境和不同的主題中，改寫成我自己的句子。

就這樣，我的作文成績不斷進步。一次語文考試結束後，我的作文成績竟然達到了 48 分。太激動了！雖然對別人來說，這依然是個低分，但我到現在都忘不了當時興奮的心情——我終於及格了！

這小小的進步，為我帶來了巨大的信心。我在心裡面萌生了一個想法——也許我也能寫出好作文。

就這樣，我不斷充實我的寫作筆記，不斷寫著改著。我開始分主題地收集好詞好句，比如描寫堅持的有哪些，描述家國

情懷的有哪些,然後將其統統地整理在筆記本上;我收集了許多古今中外的典故,包括優美的詩句、詞句,可以在描述論點時使用。

我發現,只有寫下來,我才能把別人的東西轉化為自己的內容;只有寫下來,我才會去主動思考。在寫的時候,我會思考這些句子放到其他的作文題目下該怎麼運用。

我還拆解了很多滿分作文的框架,如果只是「看」,是一定不會知道別人為什麼寫得好的,所以我會將其記在筆記本上。這樣當我拿起筆時,我的大腦才會分析文章結構是什麼,寫作邏輯又是什麼,等等。

終於我的作文成績一路「高歌猛進」。直到我成了全班寫作的第一名,拿到了滿分!

之後,我的作文成績一直穩定在接近滿分的水準,很多次扣分也是因為錯別字(實在不應該!)。考完試後,語文老師還會把我的作文列印出來作為範本,發給全班同學學習。

我永遠不會忘記,在畢業時,語文老師驕傲地對我說:「你是我的得意門生!」

而這一切的改變就是從我拿起筆整理筆記開始的。

4 步寫出一手好文章

　　我在收集寫作方法的資料時，無意間讀到了班傑明·富蘭克林的故事，他曾從一個寫作能力平平的人一躍成了著名的作家和政治家。

　　我驚喜地發現，他用的寫作方法竟然和我的差不多！

　　富蘭克林一直想提高自己的寫作能力，當他看到一本名為《觀察家》的雜誌時，被裡面精彩的文章所折服。於是，他開始研究和分析裡面的優秀文章。

　　他根據文章的主題先試著寫出一些文章，並與《觀察家》裡的文章進行對比，找出自己與這些作者之間的差距，看看他們是怎麼用詞、怎麼表達觀點的，然後修正自己的文章。同時，他也透過雜誌裡的文章不斷積累豐富的詞彙量。

　　就這樣，他一步步成了美國歷史上最偉大的作家之一。他的《富蘭克林自傳》激勵了很多人。

　　我們可以將提升寫作能力分為簡單的 4 步。

▌4 個步驟寫出好文章

第一步，找到「大師作品」

根據你的寫作需求，找到優秀的文章案例。如果你想提升考試中的作文水準，可以參考歷年的滿分作文；如果你想提升撰寫報導和故事的能力，可以找到經典的新聞和文摘等。總之，找到這個領域裡的高品質範文。

然後，閱讀、分析和觀察這些文章。

第二步，自己寫作

根據某一篇文章或作文的主題和題材，自己動筆寫。這時，你也許還在用慣常的寫作方法，可能依然寫得很普通，但不要緊，一定要動筆寫。

第三步，對比

將自己寫的內容與優秀範文做對比。找到差異點，找到自己寫的和大師寫的有什麼區別。

- 表達觀點的方法有什麼不同？
- 文章的結構和邏輯有什麼不同？
- 舉的例子有什麼不同？或者用了同一個例子，但表達方式有什麼不同？
- 範文中有的，但是你沒有的內容是什麼？

在對比時，你一定要站在另一個人的角度去讀自己寫的文

章，客觀地找出自己的不足。

- 你能看懂自己在寫什麼嗎？
- 從哪裡開始你看不下去了，開始恍神了？
- 修辭法用得對嗎？
- 是否偏離主題了？
- 表達的主旨明確嗎？

第四步，改進

　　根據對比的內容改寫自己的文章。這時，你可以模仿優秀範文中的寫作方法，對其中的句子和例子加以修改，再將其運用到自己的文章裡。注意，不要原封不動地照搬，試著換一個語境和場景，根據實際的上下文寫出來。

　　然後再對比，再改進，不斷循環往復，直到寫出好的文章。

　　對於寫作，最怕的是「自嗨」，自認為寫得非常好，該用的句式也用了，該有的文章結構也有了，但也許在別人眼中，除了花裡胡哨的辭藻，其他什麼都沒看見。

　　在對比時，如果自己很難看出差別，不妨給老師、同學和身邊的朋友看看，聽聽他們的意見，你也許會有收穫。

▌打造素材庫

在寫作時，能做到精美的語言和豐富的例子信手拈來，少不了日常的積累。

平時在閱讀時，我們要分主題收集寫作素材，包括：

- 經典的開頭句、結尾句；
- 優秀的例子，古今中外的故事，詩詞歌賦等；
- 同一意思和詞語的不同表達方式；
- 高級的修辭手法和句式結構。

我們可以在康乃爾筆記左側的線索欄寫下不同的主題分類，如民族文化主題、精彩開頭等。

然後，在筆記欄寫下在這個主題下收集的素材，比如涉及民族文化的有雙奧之城、文化自信和自立自強等內容。還可以收集一些經典的例子、名人名言、古詩和滿分作文開頭，等等。

使用康乃爾筆記的左側記錄主題、內容的分類，用右側記錄寫作素材。後面在回顧素材時，我們就可以找到對應的分類，就能快速看到該主題下的內容。

圖 8-3 展示了如何用康乃爾筆記法收集寫作素材。

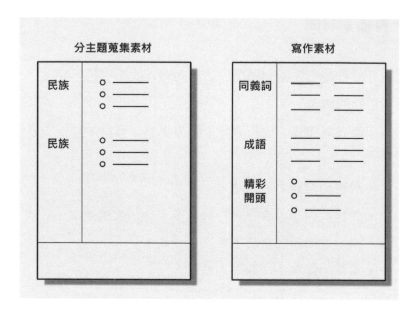

圖 8-3　用康乃爾筆記法收集寫作素材

▌ 拆解優秀文章

　　拿到一篇好的文章，我們要學會拆解文章結構和行文邏輯，分析作者是如何一步步表達觀點的。圖 8-4 就列舉了 2 種不同的表達結構，一種先透過舉例說明，再羅列論據和資訊，最後輸出核心觀點；另一種先輸出觀點，再一步步解釋說明。

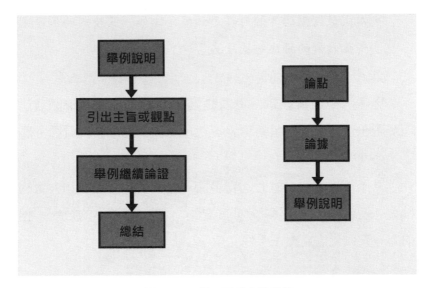

圖 8-4　2 種不同的表達結構

▌ 別著急寫

無論在考場上寫作文，還是日常寫作，我們不要看完題目就火急火燎地開始寫。

在寫作之前，我們要構思以下內容：

- 怎麼開頭；
- 中間段包含什麼；
- 怎麼結尾；
- 用什麼案例、詩詞等；

- 本文最驚豔的 3 個內容是什麼，比如一個精彩的例子，一個精彩的排比句式，或者一個精彩的觀點。

　　思考清楚後再動筆。看清楚題目，好好審題，確保自己理解了題目要求及答題要點，不然在寫作中途才發現偏離主題了，那就覆水難收了！

　　寫作不是一件一蹴而就的事情，需要不斷的練習和大量的積累，但正是這個充滿挑戰的過程，不斷打磨著你的技能。相信有一天你也能寫出一手好文章。

第 9 章

做筆記的實用技巧

用電腦還是筆記本

▌為什麼一定要寫下來

俗話說：「好記性不如爛筆頭。」

隨著電子產品的普及，越來越多的人開始用電腦做筆記。在社交媒體上搜索「無紙化學習」的內容，瀏覽量已經超過 1 億次。確實，用電腦打字更加快捷，節省時間，同時還能節約紙張，一舉兩得！

然而，最近的科學實驗表明，事實和我們認為的恰恰相反。研究表示，用電腦打字做筆記的學習成效遠不如手寫高效。

實驗中，研究人員將學生分成兩組，要求他們邊聽講邊做筆記，其中一組學生使用電腦做筆記，另一組學生則用手寫做筆記。

實驗結束後，研究人員再測試兩組學生對概念性問題的理解能力。結果表明，手寫組學生的表現明顯優於電腦組學生。

這是為什麼呢？

研究人員發現，當使用電腦打字時，因為鍵盤輸入更加快捷，學生往往會不假思索地記錄所學的知識，從而缺乏了對知

識的加工和思考，於是，做筆記就變成了「複製貼上」，學生並沒有理解並吸收知識。

相比之下，手寫組的學生因為在書寫時更加耗時耗力，所以會傾向於斟酌和思考後再做筆記。就像我們在記錄時會評估怎樣寫更簡練，思考哪些是重點，然後用自己的話來概括。即使這個過程很簡單，而且發生得很迅速，卻也幫助我們在大腦中加工和分析資訊，進一步理解和吸收知識，這是主動思考的過程。

因此，手寫筆記對學習和記憶更有幫助。

當然，目前平板電腦也開發了許多透過觸控筆實現手寫筆記的軟體，這暫時不在本次討論範圍內。

▋ 為什麼一定要寫在筆記本上

不要把筆記寫在課本、教材上。想像某一天，你需要在幾百頁的教材裡搜索一個很小的學習重點，這就像大海撈針一樣困難！

也不要將筆記寫在講義或老師發放的資料上。這些材料過於零散，難以收納和整理，堆積在一起，也讓你很難找到需要用到的那一頁。

一定要把筆記寫在筆記本上。筆記本就像是一個知識的大資料夾，彙集了來自各個方面的資訊，包括教材、講義、試卷

和學習資料。每次搜索知識時，你只要找到相關的章節即可鎖定內容。

　　如果來不及將知識記錄到筆記本上，你可以先在書上做臨時筆記，零星地記錄重點，然後再找時間將這些臨時筆記謄寫到筆記本上。

快速記錄法

　　在做筆記時要避免長篇大論，我們可以使用「快速短句」
來代替長句子。

　　快速短句，是用簡練的語言將核心資訊分點總結出來。
句子不需要嚴格遵守語法邏輯，目的是快速記錄重點，便
於後期查看時能夠一目了然。

　　比如下面這兩個例子。

　　在 11 點前給小明打電話，問清楚作文要求。
　　快速短句：11:00 小明作文。

　　上交論文初稿的截止日期是 5 月 30 日。
　　快速短句：5/30 論文初稿。

充分利用符號、縮寫和標記

▌符號和縮寫

　　在做筆記時，我們可以使用固定的縮寫和符號以提高寫筆記的效率。

　　下面是一些常用的縮寫符號，你也可以慢慢地建立自己的符號和縮寫系統，如圖 9-1 所示。

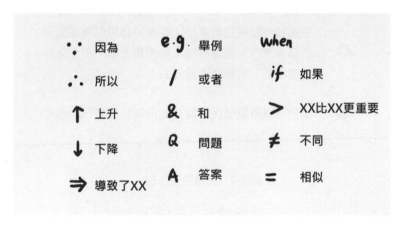

圖 9-1　筆記符號及縮寫示例

　　在聽課時，我們也可以使用一些簡寫，比如某個詞彙的拼音首字母。遇到想不起來的字也可以寫下拼音，課後再查，不

要苦思冥想，以免錯過後面的資訊。

▍標記

　　在做筆記時，我們還可以使用不同的標記來區分重點內容。這樣在後期翻閱筆記時，一眼就能看出什麼是重點和考點，如圖 9-2 所示。

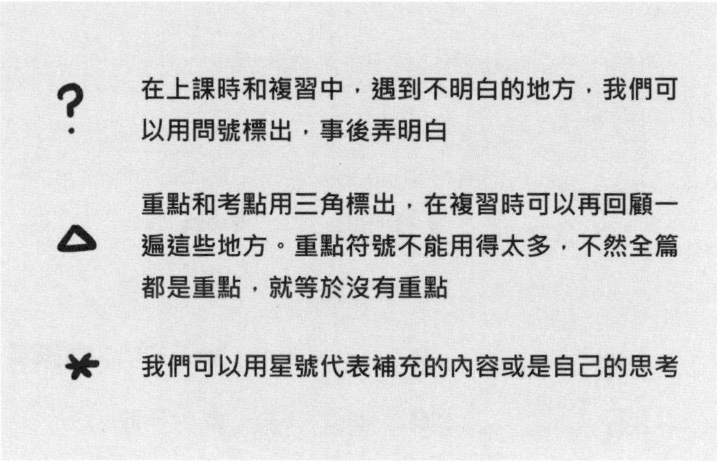

? 　在上課時和複習中，遇到不明白的地方，我們可以用問號標出，事後弄明白

△ 　重點和考點用三角標出，在複習時可以再回顧一遍這些地方。重點符號不能用得太多，不然全篇都是重點，就等於沒有重點

✱ 　我們可以用星號代表補充的內容或是自己的思考

圖 9-2　特殊符號示例

　　在工作中，我們也可以使用同樣的標記，例如，「？」代表自己不清楚的地方，需要詢問同事；「△」代表重要事項，需要立刻追蹤。

整潔筆記的小妙招

▍使用大標題、副標題

　　我們可以用標題建立筆記的框架，透過大標題、小標題、學習重點的順序，建立內容的邏輯關係。如圖 9-3 所示，在分別為兩種標題進行編號時，我們可以使用數字或符號。

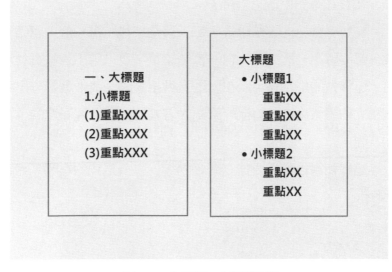

圖 9-3　大標題、小標題示例

　　注意標題不可太多，最好不要超過 3 層，不然結構很容易顯得過於複雜。

　　另外，建議採用統一的標題系統，在任何科目、任何筆記中都使用相同的筆記系統，包括統一的符號和縮寫。這樣你會越來越熟悉這套邏輯，形成條件反射，一看到相關的標題和符號就知道對應的是什麼內容。

▌留白

　　學會在筆記中留出空白。

　　在每一部分內容結束後，每一段結束後，每一個主題結束後，都要留出一段空白。在一章結束後，可以留出一整頁的空白。這樣做的好處是可以在思維上做出區隔，清晰地劃分出每個獨立的學習重點。這樣的筆記內容被劃分為一塊一塊的，更加直觀。

　　這樣如果後期需要補充筆記內容，也有足夠的空間，如圖 9-4 所示。

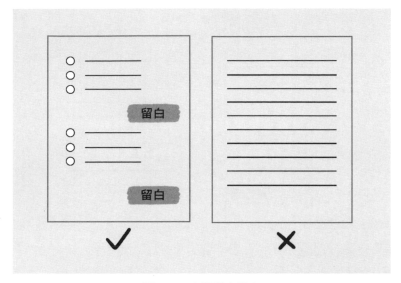

圖 9-4　在筆記中留白

▌保持寬行距

　　我們要在每一行文字之間保持適度行距（見圖 9-5）。相比過於密集的文字，寬行距更便於後期查閱，可以讓人快速定位到學習重點。設想一下考試前，我們突然想不起來某個內容，需要翻閱筆記，如果我們把筆記寫得密密麻麻，那一定很難找到關鍵點。

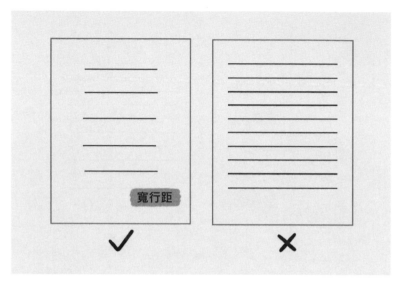

圖 9-5　保持寬行距

▋ 適度分行

　　每一行文字都不要寫得太滿，否則後期閱讀起來會很費勁。

　　如果一句話表達了不止一個意思，就另起一行。比如，

　　　A 在 ×××× 年發表著作《××》，提出 ×× 理論。

　　可以寫成 2 行：

　　——A 在 ×××× 年發表著作《××》，

　　　——提出 ×× 理論。

▎使用不同顏色的筆

　　關於在筆記中如何使用不同顏色的筆，可以參考以下的方式：

- 筆記的正文內容，用黑色。
- 重點、考點內容，用藍色。
- 疑問、錯誤的地方，用紅色。

　　注意，藍色、紅色也可以替換成其他顏色，但要與黑色有所區分。

　　切記不要使用過多的顏色，也要避免用鉛筆做筆記。

建立筆記索引系統

▌ 在右上角寫上日期

　　每當開始做筆記時，我們應在右上角寫下當天的日期和對應課本的頁碼。每當複習時，看到這個日期，我們就能回憶出當時做筆記的場景，也知道這個內容距離現在的時間，它是一個「久遠」的知識，還是一個「新鮮」的知識。

▌ 建立筆記索引

　　我們可以用不同的筆記本記錄不同科目的筆記；可以在筆記本的封面或者書脊上為筆記編號，可以採用「學期＋學科」形式，如「九年級上＋數學」。

　　在同一個筆記本中，我們可以使用便利貼在側面做章節的區分，如圖 9-6 所示。

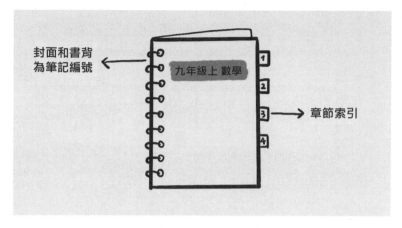

圖 9-6　筆記索引系統

▌桌面收納

　　我們要定期整理書桌和學習材料，亂糟糟的桌面會讓我們分心。當我們想找一份檔案時，沒有條理的桌面會使我們降低效率。

　　把所有學習資料分為課本、試卷、補充教材和筆記本，在書架上將其分類放好。每當一個階段的學習結束後，我們就可以將已經用完的資料收納好，然後將最常用、馬上會用到的資料放到手邊。

▌ 激勵自己

　　在筆記木的第一頁或者每一章開始的地方，寫上一句激勵自己的話吧！

　　每當翻開筆記本看到這樣的句子，我們都會覺得能量滿滿。尤其當遇到困難時，當感到疑惑時，打開筆記本，映入眼簾的就是這些積極的話語，它們能給自己加油打氣

　　改變人生的時刻已經到來，就是現在！

第 10 章

克服拖延，採取行動

拖延症──你在拖什麼

如圖 10-1 所示，左圖是我們的理想狀態，每天能按時按量地完成工作任務，一步步順利完成計畫！

但現實卻正好相反，右圖才是我們的真實狀態。

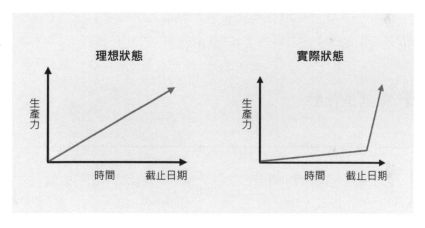

圖 10-1　理想狀態與實際狀態

明明有 2 個月的假期，卻在開學前一晚瘋狂地補作業；明明有很長時間準備考試，卻在考試前幾天臨時抱佛腳；明明早就知道交論文的時間，偏偏在前幾晚開始連夜趕論文……。

每當接到任務時，明明還有很長時間，但是不知怎麼，一晃時間就到了最後期限。我們總是計畫得很美好，但行動永

遠跟不上計畫。

每次都告訴自己，等一會兒再做，但行動卻從未到來。一拖再拖，總是臨近截止日期，壓力陡增，我們才急匆匆地開始。

當然，有些事情有一個規定的日期限制，但很多事是沒有時效的，比如好好鍛鍊身體、學一門技能、說一口流利的英語，這些事情沒有人規定我們什麼時候完成。因此拖著，再拖著，幾年可能都不會開始，有些人也許一輩子都不會去做。

往小了說，拖延會降低效率，影響工作結果；往大了說，拖延會影響我們實現人生的目標和理想。

▌ 拖延是什麼

> 拖延是你明明知道自己該做什麼、要做什麼，卻不去做。

有時候，拖延並不是什麼都不做，而是為了逃避眼前的這項任務，轉而去做一些相對容易的事情。比如你平時不喜歡整理房間，但是現在你需要寫作業，相比完成作業，整理房間更容易，所以為了不寫作業，你開始整理房間。

在同類型任務裡也會出現拖延的情況，比如都是學習任務，一項是為馬上到來的考試準備複習，另一項是寫作業。比

起複習這項更有難度的任務，寫作業似乎變得簡單了，於是本該去複習的你卻轉頭去寫作業了。

▎為什麼會拖延

拖延是人類的天性，大部分人都會拖延，即使成功人士也在所難免。所以我們沒有必要為此自責，而是要了解拖延背後的原因。

自遠古時期，原始人出現在這個地球上就帶有一種天性，即趨利避害。想想那個時候的人，每天尋找食物、填飽肚子是第一要務，而且要時刻保持警覺，才能避免被突然出現的野獸吃掉。

這種趨利避害的本能讓原始人追求食物、溫暖和安全，同時回避危險和困難，正是這樣的天性讓他們存活了下來。雖然時間過去了這麼久，我們的生活也發生了翻天覆地的變化，但這個來自祖先的本能依然根植在我們的潛意識中。

現在的我們不會面臨突然出現的野獸，但是我們要面臨繁雜的工作、艱巨的學習任務和各種人際關係。我們的大腦依然追求快樂，逃避痛苦。對比玩遊戲和看書，玩遊戲會讓我們更快樂，我們自然會選擇玩遊戲。

當面臨兩項都不那麼愉快的任務時，大腦會快速區分哪項任務即刻就會帶來痛苦，然後下意識逃避更困難的任務。比

如，為考試準備複習時，我們需要動腦筋、消耗腦力，這件事看上去很痛苦，因此我們轉而去寫作業，這件事相比複習顯得「簡單」很多，看上去沒有那麼費力。

長此以往，這個本能讓我們離目標越來越遠，因為造成短期痛苦的事情往往會帶來更長期的收益。就像複習雖然看起來很困難，可是我們一旦去做，我們的成績就會逐步提高，我們也會體驗到優異成績帶來的快樂，形成良性循環。相反，不去複習，只寫作業，帶來的卻是長期痛苦，因為我們只是按部就班地完成老師安排的功課，沒有根據自己的情況查漏補缺，我們的成績就得不到提升，這會一直為我們帶來煩惱。

面對拖延，我們無須自責。每個人拖延的原因都不同，我們要了解自己的拖延是出於哪個心理因素。

追求完美

追求完美的人期望事情能夠完全按照預期發展，做到事事完美。這導致他們遲遲不開始行動。其本質是害怕失敗，因為稍有不慎，沒有達到預期，他們就會陷入自我否定的泥潭。

追求完美的人就相當於用一套極其苛刻的標準把自己框住，如果達不到，就會覺得自己毫無價值。考試少考了幾分，工作沒有實現預期的結果，都會讓他們覺得自己很失敗。我們要用成長的眼光看待事物，比如一次沒考好，不代表自己學習成績差，反而是一次提升成績的機會。我們可以透過這次考試

查漏補缺，在下一次考試中取得更好的成績。

抵觸心理

有些人面對任務產生了抵觸心理，心裡非常抗拒，因此不願意開始行動。其實每件事本身並無好壞之分，也並無難易之分，是我們對這件事的看法賦予了它不同的意義。比如有的銷售人員需要給客戶打電話，他擔心被拒絕，擔心產品推銷不出去，因此害怕給客戶打電話。實際上，打電話這件事並不可怕，而是銷售人員對未來產生焦慮和擔憂，進而害怕做這件事。

還有一種心態是覺得這件事枯燥無味，不想去做。同樣，事情本身其實沒有有趣、無趣的區別，是我們自己賦予了這件事某種感受。

擺爛

有些人覺得要考試了，來不及複習了，所以在心態上就放棄了，任其發展。這是發自內心的一種無力感，想透過放任不管來做反抗。本質上，是期望找到掌控感。這些人可能在現實中面臨很大的壓力，渴望擁有自由的生活，於是乾脆透過什麼都不做來抵抗對現狀的不滿。

盲目自信

拖延的另一個原因是盲目自信。所謂「無知者無畏」，有

時我們低估了任務的難度，沒有準確評估具體的工作量，因此在心理上輕視了任務的難度，造成了「晚點開始也來得及」的心態。

打敗拖延的 5 個法寶

> 知道是不夠的，我們必須學會運用；
>
> 有意向是不夠的，我們必須學會行動。
>
> ——李小龍

▌要事第一

巴菲特的專職飛行員曾問過他這樣一個問題：要怎麼做才能像巴菲特一樣成功？

巴菲特讓這位飛行員列出人生中最重要的 25 件事。這位飛行員列出後，巴菲特讓他再圈出其中最重要的 5 件事。

這位飛行員圈出後說他會重點完成這 5 件事，然後儘量完成其他重要的事。

巴菲特說他的做法大錯特錯，他應該把全部精力集中在這 5 件最重要的事上，然後像躲瘟疫一樣躲避其他事。

我們只有把注意力放在最重要的事，才能集中精力，早日達成目標。

精力有限，當我們把注意力分散在不重要的工作上，自然就沒有精力去完成更重要的事。久而久之，真正要緊的事就被

耽誤了。

- **解決最讓你頭疼的問題**：問問自己，「我現在最大的問題是什麼？」比如學習上最讓你頭疼、最低分的是哪一門學科？如果把這個問題改善了，可以解決你一大半的煩惱。
- **先做最重要的事**：每天做計畫時列出所有待辦事項，然後找出最重要的 3 件事，優先安排去做這 3 件事。

如果每件事對你來說都很重要，那就等於每件事都不重要。

分清主次，聚焦核心。找到對你來說最重要的，而不是最緊急的那件事。在沒有完成這件事之前，不要做其他事。

▌拆分任務

在完成一項任務前，先把它拆分成幾個小步驟，每個步驟要儘量小、清晰、具體、獨立。這樣我們最開始要做的只是一個很簡單的步驟，而不是整項任務，我們就會非常清楚下一步該做什麼，從而大大提高行動力。

比如我計畫寫這本書，寫一本書的工作量是很大的，但是我把它拆分成幾章，然後再確定每章包含幾節，每節又包含幾

段，每一段寫什麼內容。這樣我每次在開始寫作時，只要聚焦這一段寫什麼就可以了，一項龐大的任務瞬間就被瓦解了。

正如馬丁‧路德‧金恩所說：「有信心地踏出第一步，你不需要看到整個樓梯，只要踏出第一步就好。」

▋ 只做 5 分鐘

萬事開頭難，對任務的抵觸心理往往讓我們一拖再拖。但是，我們的大腦很「好騙」。告訴自己我就只學 5 分鐘，之後就不學了。你會更容易開始，而且一旦進入任務後，你會不知不覺地繼續做下去。

▋ 把握早起後的時間

早起後的時光很重要，經過一晚上的休息，我們的頭腦更加清明，精力最旺盛。把你覺得最難的事作為早起後第一件事來做，效率會更高。你會發現，平時也許需要幾小時完成的任務，在早上竟然只花一小時就完成了！

▋ 延遲滿足

最後，介紹打敗拖延的終極大招——延遲滿足。

　　史丹佛大學做過一個著名的實驗，在兒童面前放 1 顆糖，告訴他們：「可以吃糖，但是如果立刻吃掉，就只能吃這 1 顆糖，如果等 20 分鐘，就可以吃 2 顆糖。」

　　實驗結果顯示，有些孩子抵擋不住誘惑，很快就把糖吃掉了；有些孩子卻有更強的自我控制能力，可以等到 20 分鐘後得到更大的獎勵。

> 　　所謂延遲滿足，就是當面對誘惑時，人們可以為了未來更大的目標抵擋住誘惑，表現出自制力。這並不是壓抑自己的欲望，對自制力強的人來說，相比眼前的誘惑，長遠的目標更有價值，能帶來更大的喜悅。

　　當你想玩遊戲時，你想到的是什麼，是有趣的玩樂和各種刺激的環節。

　　當你不想學習時，你想到的又是什麼，是挑燈苦讀，是自己辛苦的身影。因此，你不想做，想偷懶。

　　轉變你的想法，學習和努力也許辛苦，也許當下看不到回報，但是你的未來卻因為你現在做的每一件事而時刻在改變。

　　想像未來的你，在成功的那一刻，一切夢想都實現了，你就像你的偶像或你崇拜的人一樣成功。

　　現在做的這件事並不是在吃苦，而是在為美好的未來添磚加瓦。現在的你每多努力一分，你未來的高樓就又添了一塊磚。正如體操女皇夏農‧米勒所說：「每一個瞬間都很重要！」

越自律越自由，為什麼錯

　　NBA 歷史上最偉大的球員之一柯比・布萊恩在很多人心目中都是無法替代的存在。大家都知道他的經典名言——「你見過凌晨 4 點的洛杉磯嗎？」可見他對訓練的認真和努力。

　　柯比在平日的訓練中一直非常刻苦。據他的隊友回憶，有一次，他一大早就來到體育館訓練，以為自己一定是最早來練球的，沒想到柯比早就到了，而且已經做完了幾組訓練。更讓人難以想像的是，隊友練習了好幾個小時，覺得可以休息了，

　　但是柯比依然在打球。

　　還有一次，柯比的右手受傷了，他的隊友認為柯比終於不是第一個來體育館訓練的人了。結果等隊友到了訓練場地，很遠就聽到了運球的聲音。沒錯，柯比依然早就到了。而且，他因為右手打了石膏，正在練習如何用左手投籃。

　　著名的投資人巴菲特已經到了 90 多歲的高齡，依舊每天一早準時到公司工作。很多人如果能擁有巴菲特 1% 的收入，估計都不會再上班了。但他卻說每天早上都盼著去上班，好像工作對他如遊戲一般，他樂此不疲。

　　我們身邊也有這樣的人，他們可以堅持早起，堅持鍛鍊，對工作和事業付出極大的熱情。他們似乎可以為了工作抵擋住

娛樂的誘惑，為了健康的身體抵擋住美食的誘惑。

　　我們習慣稱這種人為「自律的人」。我們認為正是因為自律，才讓他們有這樣日復一日的努力和堅持，獲得常人難以企及的成就。我們之所以做不到，是因為我們不夠自律，只要我們也能擁有這種品格，就可以不一樣。

▍自律的迷思

　　這就讓我們陷進了自律的迷思，即一句廣為人知的話：越自律越自由。彷彿只要做到自律，我們就能專注投入學習和工作，自動做到刻苦、勤奮和堅持。

　　所以，我們試遍了各種自律的方法，但都收效甚微，最後的結果就是「三分鐘熱度」，過了幾天又恢復老樣子。

　　因為事實正好相反，其實是先有自由，才有自律。

　　不是因為我們自律了，才產生行動，**而是因為周遭的環境和自身的內驅力「達標」了，促使我們行動起來，從而顯得我們很自律。**

　　明白了嗎？自律並不是一個可以獲得的品格，它只是一個當你行動起來後所展現的結果。換句話說，自律跟人本身關係不大。在你身處的環境，你心裡多麼想做這件事，才真正重要。

　　內外兼修，從外要創造有利於工作的環境，遠離誘惑；從內要找到內驅力，提升動機。

▌ 環境的力量

我們的意志力是禁不起考驗的，不要嘗試對抗意志力。如果把遊戲機放在你面前，讓你克制自己不去玩，這要消耗很多意志力。讓你抵抗做這件事的願望，最後的結果可能是你非但沒有抵住誘惑，還因此耗盡了意志力，導致在接下來的工作中無法集中精力。

我們常說戒掉誘惑，但是戒掉這個動作本身是很難的，需要很強的意志力。

> 我們要做的不是戒掉，而是遠離。
> 我們要做的不是抵抗，而是眼不見為淨。

成功人士之所以成功，也許不是因為他們有多自律，或者有著驚人的意志力，而是他們透過創造合適的工作環境避免了阻力。

創造一個有利於工作的環境，當你身邊沒有誘惑時，你也就不需要靠意志力來維持努力了。

如果把零食放在隨手可及的桌子上，你會在不知不覺中吃掉更多的垃圾食品；如果把零食換成水果，你會不自覺地吃更

多的水果。

　　如果希望專心地學習和工作，那就劃分一個專門的學習和工作區域。在這個區域內，不能放會對你產生誘惑的東西，把手機調成靜音，或者乾脆把它放到另一個房間。把任何和學習無關的東西都放到另一個房間，你看不到，自然也就不會去想了。

　　如果你想創業成功，就不要和混日子的人一起工作，而要和志同道合的人一起工作。如果你想好好學習，就不要總跟上課遲到、下課不學習的人為伍。

　　建立良好的工作流程，也能幫助我們行動起來。高效的工作流程，就是建立一個系統，告訴我們接下來每一步該如何出擊。例如，拆分任務、做計畫、培養好的習慣，都可以幫助我們自動進入工作的軌道，我們就可以順其自然地完成工作了。

如何提高自控力

當我們對自己的成績、收入不滿意，對生活現狀不滿意時，大部分人往往會找各種辦法試圖改變現狀。想提高成績的人開始多做試卷，想提高收入的人開始尋找新的工作機會。

但這些都是表面的方法，治標不治本，這些表像是浮在水面上的冰山一角。真正影響結果的是更深層次的原因。你為什麼學習？你為什麼想賺錢？你有多想贏？

你的信念、你的動機和你的心靈，才是沉在水下的冰山主體。這些才最終決定了你能實現多大的目標、取得多大的成就。這些因素不改變，現狀就不會有本質的改變，如圖 10-2 所示。

你的目標是什麼？

你未來想成為什麼樣的人？

你想在哪座城市生活？

5 年後、10 年後，你希望過什麼樣的生活？

只有當你有了非常明確的目標，並且 100% 堅定於你的目標時，你才會全力以赴地去做，此時沒有任何人、任何事可以阻攔你。

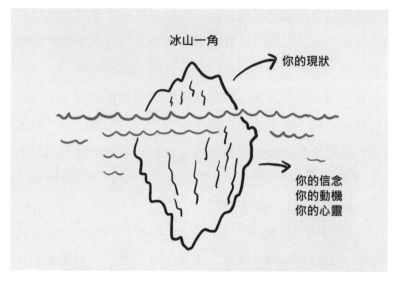

圖 10-2　冰山一角

　　你認同你現在正在做的事情嗎？你有多相信自己能夠成功？你真的想做，還是覺得「應該去做」。

　　你有多想做這件事，取決於你內在是真的想做，還是認為自己「應該去做」。認為應該去做，可能只是為了滿足父母的期待、社會的要求，並非出於自己的本意，簡單地說，就是在給別人工作。在這種情況下，如果你遇到困難，就會很容易放棄，遇到不順就很容易受打擊。

　　只有你是為了自己主動選擇去做，你完成任務是為了成為更優秀的自己，是為了挑戰自己，讓自己不斷成長，這才會讓你更有動力，做起來更輕鬆、更快樂。將你需要做的事與你的

人生目標結合起來，問問自己：「這件事有助於實現我的××目標嗎？」、「如果目標實現了，有助於我成為一個××樣的人嗎？」

你沒有必要在自認為沒有意義的事情上花時間。你的動力來自你認同這件事，並能在其中找到成就感和價值感。體驗到擅長的感覺可以激勵你做得更多。當你能體驗到越做越上手，越做越擅長的感覺，你就能在自我成長和提升中收穫快樂，這會成為你持續努力的動力源泉。

當你找到了內驅力，你的心態改變了，你的行動就改變了。別人看到的也許是「哇，這個人好刻苦」，但其實你並不會覺得苦。相反，你在這個過程中收穫了很多成就感，自我實現讓你感到充實和快樂。

所謂信念，就是你有多想要，以及你有多相信自己能實現。如果連你自己都不相信自己能成功，你怎麼會全力以赴呢？你的內心是否有一個堅定的目標，一個必須實現、不實現不行的目標？堅定的信念會帶給你不達目標不甘休的決心。

能改變你的從來都不是外部力量，不是一個契機，不是一個天賜良機。不要等別人來拯救你，能改變你的只有你自己。

你擁有改變自己的力量，它是你每一天的堅持，是你的決心，是你日復一日的努力。

很多人都在等上天給一個機會，想著等我升職了就怎樣，等我換了大房子就怎樣。殊不知，這樣的機會永遠不會出現，

而他們也將永遠等下去。自我覺醒吧！打破舊的內在，建立新的自我意識，你的潛意識遠比你想的還要強大，你想要的一切都會實現，你就是擁有這份力量。

「一切皆有可能」這句話說得很對，但是需要下一句才完整，就是「只要你找對方法」。就像柯比所說的：「總有人會贏，為什麼不能是我呢？」

找對方法，做對決策，再加上強大的信念，你會所向披靡，戰無不勝。

你會過上完全不同的生活，你會有更充沛的精力，你會達成更多的目標。你身邊的人會驚訝於你的不同和改變，他們會納悶：「你發生了什麼，現在看起來如此不一樣？」因為你懂得如何運用這些技巧重塑人生。

不怕失敗，有效檢討

> 我的夢想，值得我本人去爭取。
>
> 我今天的生活，絕不是我昨天生活的冷淡抄襲。
>
> ——《紅與黑》

今天絕不是昨天的複製。

在上學的時候，我們感覺每一節課都過得很慢，似乎永遠下不了課。但是一轉眼就要畢業了，馬上要和校園說再見了。

在上班的時候，時間彷彿過得很快，一年一年就這樣過去了。一轉眼，我們已經從那個青蔥少年變成了在職場上要帶新人的前輩。

我們不禁感嘆，時間都去哪兒了？

如果每天只是重複昨天的內容，那每過一年，我們只是長大了一歲，沒有變得更智慧。如果不想讓未來成為過去的複製品，我們就要透過檢討，不斷反省，主動掌控人生，積極出擊。

只有這樣，當我們驀然回首，才會發現自己已經站到山頂。山頂的風景真好！

這就是反省的力量。

▎不怕失敗

我們總是關注成功，避免失敗，但從失敗中吸取教訓同樣重要。所謂成功，就是從無數次失敗中汲取了經驗。那些功成名就的人，也曾經歷過慘澹的失敗。

偉大的科學家愛因斯坦，在上學期間曾考試不及格。

華特・迪士尼創辦的迪士尼商業帝國，不僅推出了多部經典的動畫電影，還打造了迪士尼樂園，讓人們在現實中圓夢。

但是，他創辦的第一家公司卻以破產收場。

維珍航空公司的老闆布蘭森從小患有閱讀障礙，高中就輟學了，在他的成長過程中一直充斥著質疑的聲音。

達爾文憑藉《進化論》成為歷史上最有影響力的人之一，但他曾在上學期間表現不佳，甚至從醫學院退學。

愛迪生小時候被學校老師認為智力不足……。

這些並沒有阻止他們朝著自己的夢想努力。沒有成功是輕而易舉的，沒有人生是一帆風順的。

如果他們都因為一次失敗就放棄了，那之後就不會誕生改變他們人生，甚至改變世界的作品。

什麼是失敗？這世上只有一種失敗，就是坐著不行動。

失敗是不去做，不去嘗試，不去改變。除此之外，什麼都不能稱為失敗。只要你開始採取行動，只要你永遠行動下去，你就不會失敗。

　　不要怕犯錯和失敗，錯誤才是你通往勝利的輔助。正如諾貝爾獎獲得者尼爾斯‧玻爾所說，專家就是在極小領域內，把所有能犯的錯都犯一遍的人。正視每一次做得不夠好的地方，正視每一次不足，當你把做得不對的地方都改進了，你離成功就不遠了，如圖 10-3 所示。

圖 10-3　錯誤 + 改進，通往成功

▌反省什麼

反省行動內容

　　總是重複自己已做好的事，不會帶來改變。我們應該不斷練習自己還未做好的事，不斷改進，把不擅長變為擅長。在很多領域的工作中，工作時間長的「老職員」往往不如畢業沒幾年的「新人」。這就是因為在工作中如果只有重複，沒有反省，我們就不會有意識地改進，自然也不會有進步。

　　著名的足球守門員布里亞娜‧斯卡莉所在的足球隊獲得了 2 屆奧運會金牌。在準備比賽時，她每天都會問自己：做這件事能幫我們拿到奧運會金牌嗎？

自我反省能夠幫助我們永遠專注目標，不會在無關緊要的事情上浪費時間。

反省錯誤

在犯錯的時候，我們要問問自己：為什麼會犯錯？是忽略了什麼，還是哪裡需要提升？我們應該把自己的錯誤進行歸納總結，然後予以改進，確保下次不再犯同樣的錯誤。

每日反省

在每天早晨，我們要想想自己的目標，問問自己需要完成什麼才能離目標更近一步。

在一天結束時，我們要反省：

「今天在哪些方面我做得很好，要繼續堅持。」

「哪些方面還需要改進，明天的我應該怎麼改進？」

不僅要每日檢討，我們還要每週、每月和每年定期檢討，看看是離目標越來越近了，還是在原地踏步。這就是上天給我們的第二次機會，什麼時候開始改變都不晚。

我們可以透過康乃爾筆記法做反省，在左側的線索欄寫出反省的問題：「這件事能幫我實現目標嗎」、「為什麼會錯」；然後在右側的筆記欄寫出思考的結果，下次如何改進；最後在下方的總結欄寫出最近幾次檢討總結的經驗教訓，如圖 10-4 所示。

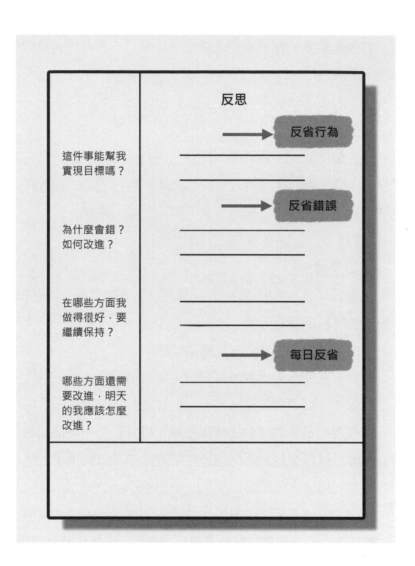

圖 10-4　用康乃爾筆記法做反省

▌即時回饋，小步快跑

　　回饋可以來自內部，即自我覺察，對比自己做的與別人做的。也可以來自外部，來自導師、朋友和同事的回饋，來自他們提出的需要改進和提升的意見。

　　「刻意練習」理念的提出者艾利克森就說過，在學習一門技能時如果只是機械地重複，花再多的時間也很難進步。如果每完成一項任務都能及時得到直接的回饋，做得對還是錯，哪裡錯了，我們就能知道自己的不足，從而加以改進，然後運用到接下來的任務中，從而不斷改進，不斷進步，如圖 10-5 所示。

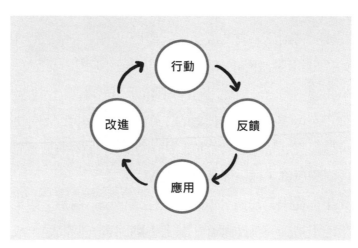

圖 10-5　回饋循環

　　例如，在學習中，我們可以透過做題和自我檢測的方式測試自己對知識的掌握情況，然後根據結果查漏補缺。完成一章的複習就及時檢測，小步快跑，不要等複習完整本書了才開始，這時我們對之前學習情況的記憶已經開始模糊了。

▋ 打破舊思維，建立新的方法

> 如果你繼續做你之前到現在一直都在做的事，
> 那你就會繼續得到你一直以來得到的東西。
> ──知名作家吉姆・羅恩

　　想要獲得前所未有的成功，就要做以前從未做過的事情。

　　如果你對現狀不滿，認為自己的成績不理想，表示你正在做的事和運用的方法對你沒有什麼幫助。

　　你不可能重複著以前低效的工作方法，還期盼著有更好的結果，這簡直就是期盼天上掉餡餅。所以，你要拋棄舊思維，替換成新的思維，你需要著手改變。

　　如果你從未早起過，不妨試試連續早起一個月；如果你一直對生活很被動，不妨試著在課上主動回答一個問題，或者為自己爭取一個機會。總之，當你發現現狀和你的理想相去甚遠時，不妨站在旁觀者的角度，看看你的方法和方向是否正確，如果錯了，就要改進。

　　受得了別人受不了的苦，付出了別人不願付出的努力，你才能取得前所未有的成功。

第 11 章

想優秀，先自信

放鬆點，你已經很棒了

電影《姐就是美》（*I feel Pretty*）講述了一個自信如何改變人生的故事。

女主角是一個身材微胖、長相一般的女孩，她一直覺得自己不夠漂亮，不夠優秀。她對生活很不滿，做著一份自己不喜歡的工作。突然有一天，發生了一場意外，她的頭被撞了！

這一撞大概是撞壞了她大腦裡的某種功能，讓她看到的自己完美無瑕，有著苗條的身材，姣好的臉龐，可實際上她的外貌一點變化都沒有。而且，只有她能看到這個「變美」的自己，別人看到的她和之前的她是一模一樣的。

這一變化讓她重獲自信，她覺得自己這麼美了，就可以做任何事。於是，她應聘了夢想中的工作，努力去爭取很多機會，她的人生就像「開掛」了一樣。在這個過程中，她幾乎收穫了想要的一切。

直到有一天，她又不小心撞到了頭！這讓她喪失了能看到更美的自己的特異功能，她看到的自己又變回了之前那個微胖又相貌普通的女孩。結果，她瞬間覺得自己不能見人，自己不夠好，配不上這一切，於是躲了起來。

慢慢地，她意識到其實自己從未改變過，自始至終都是同

一副形象，只是她看自己的眼光改變了，她覺得自己很美，她自信了。

女主角終於明白，自己的價值應該由自己去定義，而不是透過其他人來評價。當你由內而外地相信自己時，你就有能力做好任何一件事。

人是如此強大，掌握著改變自己命運的力量。同時，能限制一個人的也就只有自己。

正如愛默生所說：「成功來自內在，而非外在。」

▌ 杜絕消極想法

大腦中不可能同時出現積極的想法和消極的想法，當你的腦海中飄過一個思想時，它要麼是正面的，要麼是負面的。這個世界上沒有哪個偉人、厲害的人是靠自怨自艾成功的，真正傑出的人都是充滿正能量，積極面對問題的。

特斯拉的創始人馬斯克就說過自己寧願當錯誤的樂觀主義者，也不願當正確的悲觀主義者。

所以，小心你的想法。你腦海中的想法要麼能成就你，要麼會拖你的後腿。

▋ 積極的心理暗示

　　壓力都是由負面想法引起的。事情本身是沒有壓力的，是我們對這件事的「看法」、「想法」帶來了壓力。

　　例如，考試這件事本身沒什麼可怕的，不過是在一個地點對我們最近的學習情況進行考查。讓我們焦慮的是即將面對的不確定性，擔心遇到不會做的題目，擔心考試的結果不理想。

　　工作中的任務本身也沒什麼可怕的，是我們總把關注點放在困難上，總擔心還沒有發生的事情。

　　用冠軍的心態去迎接比賽，把自己當成考試狀元一樣去備考，自己時刻當自己的啦啦隊。人的命運是掌握在自己手裡的，要對自己有信心，多說鼓勵自己的話，多做積極的心理暗示，要相信自己一定可以做到。

　　要多想如何實現目標，不要想有多少阻礙。

　　要多想成功後的「美景」，不要想困難有多大。

　　著名的喜劇演員金・凱瑞曾經並不富有，但是他給自己「畫」了一張 1000 萬美元的支票，而且放在錢包裡，相信自己遲早會賺到這筆錢。後來，他成了家喻戶曉的明星，賺到了不止一個 1000 萬美元！

　　所謂起心動念，指的是你心裡的念想會影響你的行動，從而帶來結果。也就是說，你的想法在某種程度上已經決定了你

的結果。

　　能限制你的只有你自己。轉變關注點，把負面的想法扭轉成正面的想法，你就不會覺得任務困難了。

如何建立自信

▋ 體驗擅長的感覺

　　當你在信念裡認定自己是一名優秀的學生，優異的成績本就屬於你時，你就會想方設法透過努力，透過尋找技巧去實現這個結果。但是，當你心底覺得自己是一名差生，連自己都不相信自己時，你就不會全力以赴，因為你的潛意識會告訴你努力也沒用。所以，或許表面上你也在努力學習，但心裡卻在渾渾噩噩地敷衍。

　　哈里斯博士在《自信的陷阱》（ *The Confidence Gap* ）一書中提到，我們不一定要「先有自信的感覺」，才能做出自信的行為。相反，我們可以先透過自信的行為，來實現自信的感覺。

　　體驗到對所做的事情很擅長，就能激勵我們做得更多。在你接下來要做的任何一件事中，把目光聚焦到進展上，哪怕只取得了一點點的進步，都請為自己歡呼。無論解決了一項工作任務，還是完成了一項作業，你都要認可自己的進展，告訴自己：你做得真棒！這種鼓舞會讓你想繼續突破，繼續推進任務。在行動的過程中，不斷發現自己的優勢，這種越做越擅長的感覺會讓你找到成就感，找到進步和成長帶來的快樂。

▌ 正確地表揚和批評

如果正在看這本書的你是一位家長，那麼請你認真閱讀接下來的文字，因為你表達的方式和說話的內容會影響孩子的表現和應對問題的方式。

如果你是一名學生，也可以把本部分的內容分享給你的家人！

「股神」巴菲特曾說過，要具體地表揚，泛泛地批評。

當孩子做得對時，我們要具體地表揚，表揚孩子本身，贊美他的努力、付出的時間、品質等，這樣有助於提高孩子的自尊心和價值感。

當需要批評時，不要批評孩子本身，不要貼標籤，而是要糾正行為或者就事論事。比如，孩子不愛做家務，不要說孩子好吃懶做。這種說法從本質上否定了一個人，你都已經給孩子下了不好的評判，難道還期待他下次會做得更好嗎？我們可以對孩子的行為給出建議，以及問孩子為什麼不想做、為什麼想做，這背後的原因可能更重要。

一旦發現孩子擅長的地方，你要及時表揚。這種表揚會讓孩子在所做的事情中發掘快樂，找到成就感，會大大減少抵觸心理，從而繼續努力。因為人都會在自己擅長的事情中找到意義和樂趣。所以，語言的力量是巨大的，無論在對自己說還是對別人說，請善用你的語言。

▌成功日記

　　現在，我要給你一樣功課，拿出你的康乃爾筆記本，每天堅持寫「成功日記」。

　　成功日記，就是用筆記本記錄你所有的大小成就，大事、小事都可以！每天寫出至少 5 條自己成功的事情。不需要花很多時間，在一天結束或第二天一早，回顧當天或前一天自己所有的成果，然後一條條寫出來吧！你會發現自己竟然完成了這麼多事情，而且都做得很棒！

　　我今天完成了所有的作業。

　　我的單字拼寫今天全對了！

　　我嘗試做了晚飯，又掌握了一項技能。

　　我今天看了 10 頁的《康乃爾筆記法》，很有收穫！

　　我今天做了 20 分鐘的有氧運動，太厲害了。

　　…………

　　先試著堅持 7 天，中間不要間斷，然後再繼續堅持下去。

　　相信我，你會體驗到完全不一樣的感受！現在，就在下面的空白處，寫下今天的「成功日記」吧！

　　圖 11-1 展示了如何用康乃爾筆記法寫成功日記。

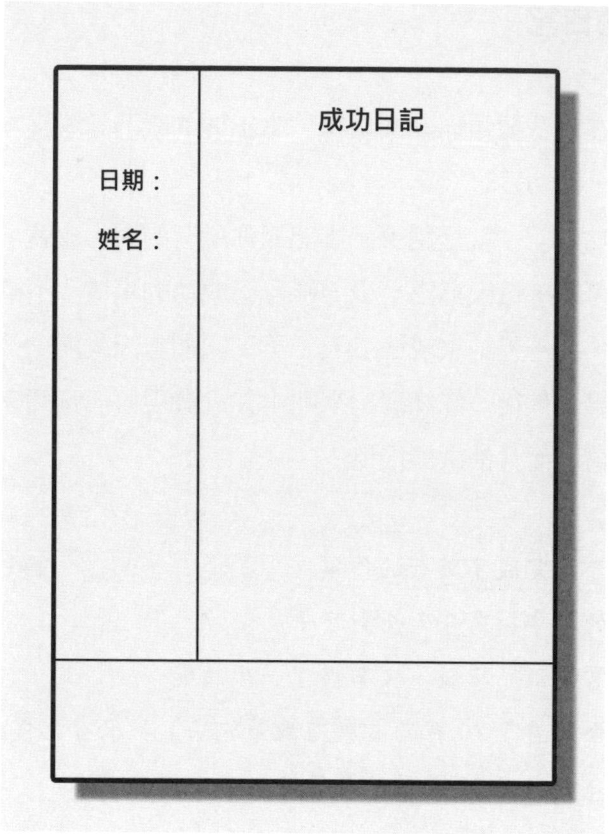

圖 11-1　用康乃爾筆記法寫成功日記

▌ 活在當下

　　英文單詞「present」，翻譯過來既有「現在」的意思，也有「禮物」的意思。

多麼奇妙，每一個現在，每一個此時此刻，就是上天賜給我們的禮物。所以，每一個當下，都是創造奇跡的時刻；每一個當下，都是我們啟航的時刻。

我們都在追求一個目標，可能是理想的學校，可能是更高的收入，也可能是更大的影響力等等。追求成功和夢想固然重要，但別錯過了這一路上美好的風景。比起那個結果和「終點」，是這一路的經歷塑造了我們，好好體驗過程更加重要。

當你選擇放下過去，忘掉未來，專注於每一個當下的時候，每一秒對你來說都是重生。此時此刻，你就是你，過去已經離你遠去，未來也還沒有到來。此時的你是豐盈的，是充實快樂的。

現在，我希望你也能找到這份自信。透過本書的學習，你不僅掌握了世界公認的科學筆記方法，還學會了各種高效的學習方法和時間管理技巧。你已經儲存了豐富的知識，將本書中的筆記方法、學習技巧加以練習，日積月累，你距離自己的夢想就不會太遙遠了！有夢不難，大膽去闖吧！

緩解焦慮和緊張

無論面對考試，還是應對工作，接下來的幾種方法，都可以幫助你緩解焦慮，放鬆心態。

▌ 寫下來

將出現在你腦海中的所有負面想法統統寫下來。這是一種釋放壓力的好方法。當你寫下來時，你會發現自己擔心的事情多麼脆弱，只是紙老虎。而且，你所擔心的大部分事情都不會發生。

▌ 腹式呼吸法

我們大多數人平時都在用胸式呼吸法，所以當我們緊張時，會感到胸口很緊，喘不上來氣。

腹式呼吸法就是保持全身放鬆，讓呼吸的節奏是緩慢的、放鬆的。

吸氣時，感受空氣進入腹部，然後慢慢將腹部進行擴張；呼氣時，想像把腹部的所有空氣吐出，同時感受腹部向內凹。

　　很多成功人士，都堅持做冥想。冥想可以控制呼吸，有益於提振我們的精神。我們每天在腦海裡會有無數個想法，有些是積極的，有些是消極的，甚至是自我懷疑的。冥想可以幫助我們正視這些想法，從想法中抽離出來，不和這些想法產生連接。堅持做一段時間的冥想，你會發現自己的變化。

▋ 適量運動

　　研究表明，有氧運動可以促進大腦裡的海馬體活動，有利於提高記憶力和學習能力。我們可以每天進行適當的有氧運動，如跑步、游泳和做瑜伽等。運動完後，我們會覺得心情舒暢。如果能每天都堅持運動 20 分鐘左右，我們會發現自己的心境逐漸發生變化，這對緩解焦慮非常有幫助。

▋ 規律的作息時間

　　面對考試，你緊張，別人也緊張。但是在大考前仍然要保持規律的生活，不要今天狀態對了，瘋狂讀到凌晨幾點，結果第二天起不來。

　　每天規定好幾點起床、幾點睡覺、幾點吃飯、學習幾個小時、什麼時候做運動等。保持規律的生活節奏非常重要。

▌ 睡前一小時不看手機

千萬不要想著複習了很長時間，睡前看一下手機放鬆一下沒關係。

短影音的畫面、聲音和情節都會刺激大腦，在看手機時你並沒有得到休息。睡前玩手機會讓你的睡眠度變淺，讓你的睡夢中不斷閃現那些影片畫面。

睡前一定要戒手機，這會讓你的睡眠品質變好，讓你在第二天精神更集中，狀態更好，從而逐漸形成正向循環。

▌ 不和別人比

有的人看到有的同學已經複習好幾遍了，有的同學分數更高，於是覺得自己落後了，變得更加焦慮了。

看到別人做完了很多考卷，複習得很快，不要著急，靜下心來，按照自己的節奏去做就可以了。想一想你最能提高分數的科目有哪些，然後抓大放小，把任務拆分成小步驟，再一步一個腳印地去完成。

每個人都有自己的「賽道」，每個人都有自己的「時區」，沒有快慢之分。有的人 20 多歲結婚生子，有的人 50 歲還在環遊世界。不要看到別人比你走得快就焦慮，即使走得慢，你也會到達終點。找到自己的節奏，永遠只和自己比。

◉ 高寶書版集團
gobooks.com.tw

NW 284

越寫越強！高效知識筆記鍊金術：從學習、工作到人生規劃都適用的康乃爾筆記法

作 者	柳柳	
主 編	吳珮旻	
編 輯	鄭淇丰	
封面設計	林政嘉	
內頁排版	賴姵均	
企 劃	鍾惠鈞	
版 權	張莎凌	

發 行 人	朱凱蕾
出 版	英屬維京群島商高寶國際有限公司台灣分公司
	Global Group Holdings, Ltd.
地 址	台北市內湖區洲子街88號3樓
網 址	gobooks.com.tw
電 話	(02) 27992788
電 郵	readers@gobooks.com.tw（讀者服務部）
傳 真	出版部(02) 27990909　行銷部 (02) 27993088
郵政劃撥	19394552
戶 名	英屬維京群島商高寶國際有限公司台灣分公司
發 行	英屬維京群島商高寶國際有限公司台灣分公司
法律顧問	永然聯合法律事務所
初版日期	2024年 04 月

本書簡體字版名為 《康奈爾筆記法：從會做筆記到高效學習》（ISBN：978-7-115-62406-2），本書由人民郵電出版社有限公司授權英屬維京群島商高寶國際有限公司臺灣分公司出版繁體字中文版。

國家圖書館出版品預行編目(CIP)資料

越寫越強!高效知識筆記鍊金術：從學習、工作到人生規劃都適用的康乃爾筆記法/柳柳著. -- 初版. -- 臺北市：英屬維京群島商高寶國際有限公司臺灣分公司, 2024.04
　　面；　公分. --

ISBN 978-986-506-962-9 (平裝)

1.CST: 筆記法　2.CST: 學習方法

019.2　　　　　　　　　　　　　113004055